133.

CODE ANNOTÉ

DES

SOCIÉTÉS DE SECOURS MUTUELS

RECUEIL COMPLET

de la Législation et de la Jurisprudence qui régissent ces Associations

AINSI QUE

LES CAISSES D'ÉPARGNE, LA CAISSE DES RETRAITES POUR LA VIEILLESSE, LES CAISSES D'ASSURANCES EN CAS DE DÉCÈS ET EN CAS D'ACCIDENTS

PAR

M. OSCAR DEJEAN

Ancien magistrat;
Président ou Membre honoraire de plusieurs Sociétés de secours mutuels ;
Honoré de la médaille de bronze et de la médaille d'argent décernées par l'Empereur
pour services rendus à l'institution des Sociétés de secours mutuels, etc., etc.

— ◦◦◦◦◦◦ —

QUATRIÈME ÉDITION

revue et considérablement augmentée

— ◦◦◦ ◦ —

BORDEAUX

P. CHAUMAS, LIBRAIRE-ÉDITEUR

COURS DU CHAPEAU-ROUGE, 34.

1870

CODE ANNOTÉ

DES

SOCIÉTÉS DE SECOURS MUTUELS

CODE ANNOTÉ

DES

SOCIÉTÉS DE SECOURS MUTUELS

RECUEIL COMPLET

de la Législation et de la Jurisprudence qui régissent ces Associations

AINSI QUE

LES CAISSES D'ÉPARGNE, LA CAISSE DES RETRAITES POUR LA VIEILLESSE, LES CAISSES D'ASSURANCES EN CAS DE DÉCÈS ET EN CAS D'ACCIDENTS

PAR

M. OSCAR DEJEAN

Ancien magistrat;
Président ou Membre honoraire de plusieurs Sociétés de secours mutuels;
Honoré de la médaille de bronze et de la médaille d'argent décernées par l'Empereur
pour services rendus à l'institution des Sociétés de secours mutuels, etc., etc.

— ·‹‹⊂⊃›· —

QUATRIÈME ÉDITION

revue et considérablement augmentée

— ·‹‹⊂⊃›· —

BORDEAUX

P. CHAUMAS, LIBRAIRE-ÉDITEUR

COURS DU CHAPEAU-ROUGE, 51.

—

1870

AVANT-PROPOS

Une expérience de tous les jours nous a, depuis longtemps, démontré que beaucoup de personnes qui s'occupent des Sociétés de secours mutuels, qui en font partie, soit comme sociétaires, soit comme membres honoraires, ou même qui les dirigent avec beaucoup de zèle et de dévouement, ne connaissent que d'une manière très-imparfaite la législation et la jurisprudence applicables à ces sortes d'associations. Elles sont ainsi fort souvent arrêtées par des difficultés dont elles ignorent les solutions, ou parfois s'écartent involontairement des règles salutaires tracées par le législateur.

Cet état de choses est évidemment très-nuisible à la marche régulière comme au développement des Sociétés mutuelles; il peut entraîner des conséquences fâcheuses, faire naître de sérieux embarras. C'est pour y remédier que nous avons voulu, en livrant à la publicité cet ouvrage, — fruit de vingt années d'étude et de pratique de la mutualité, — rendre facile une étude aujourd'hui si nécessaire.

Réunir les lois, décrets et arrêtés ministériels relatifs aux Sociétés de secours mutuels et aux diverses institutions qui les complètent ou leur viennent en aide, comme les *Caisses d'épargne*, la *Caisse des retraites pour la vieillesse* et les deux *Caisses d'assurances en cas de décès et en cas d'accidents,* garanties par l'État; les faire suivre de toutes les notes explicatives susceptibles d'en préciser le sens et la portée; indiquer la jurisprudence adoptée, en la puisant dans les

circulaires ministérielles et les décisions judiciaires; tracer enfin la marche à suivre lorsque
des contestations s'élèvent et qu'après avoir
épuisé toutes les voies amiables, on est obligé de
recourir aux tribunaux : tel est le travail auquel
nous nous sommes livré, et que nous offrons à
tous les membres des Sociétés de secours mutuels de France comme un gage de sympathie
et de confraternité.

———∞⦂∞∞———

Pour rendre promptes et faciles les recherches que l'on aura à faire, nous
avons placé à la fin du volume, outre la table ordinaire, un INDEX ALPHABÉ-
TIQUE de toutes les matières que nous avons traitées. On y trouvera, à leur
lettre et par ordre chronologique, les lois, décrets, arrêtés ministériels,
arrêts du Conseil d'État et des Cours impériales, jugements des tribunaux,
décisions ministérielles, etc., contenus dans l'ouvrage.

La première édition du *Code annoté des Sociétés de secours mutuels*, publiée en 1861, a été l'objet d'une souscription de 400 exemplaires de la part de S. Exc. M. le Ministre de l'Intérieur, qui a reconnu l'utilité de propager cet ouvrage.

CODE ANNOTÉ

DES

SOCIÉTÉS DE SECOURS MUTUELS

CHAPITRE Ier.

NOTIONS PRÉLIMINAIRES.

I. Considérations générales sur les Sociétés de secours mutuels et historique de la législation qui les concerne.

L'origine des associations ayant pour objet l'assistance mutuelle remonte à la plus haute antiquité. En traversant les siècles et se succédant sans interruption jusqu'à nos jours, les *hétairies* grecques, les *sodalités* romaines, les jurandes, les *ghildes* scandinaves et germaniques, la franc-maçonnerie, le compagnonnage, les corporations d'arts et métiers, les confréries enfin, ont insensiblement, et dans des proportions diverses, contribué à faire naître les Sociétés de secours mutuels de l'époque actuelle, qui, mieux appropriées que leurs devancières à nos habitudes et à nos mœurs, « apparaissent — a dit avec raison

1

M. Hubbard, — dans l'histoire de la civilisation, comme un produit nécessaire du travail des siècles. »

Cette dernière forme de l'association et de la mutualité, malgré l'extension qu'elle a déjà prise, malgré les éclatants services qu'elle a rendus et qu'elle rend tous les jours, n'est encore cependant qu'à ses débuts, et elle est susceptible d'acquérir un développement dont on ne saurait mesurer l'étendue. « Nous sommes dans l'enfance de la mutualité; nous bégayons nos premiers mots; nous ne hasardons que nos premiers pas; il y aurait témérité à imposer d'avance des limites aux tentatives de l'avenir. » C'est ainsi que s'est exprimé M. le vicomte de Melun, dont la compétence en pareille matière ne saurait être contestée.

Une immense carrière d'expansion et de progrès est ouverte, en effet, devant les Sociétés de secours mutuels. Elles la parcourront avec honneur et profit, si elles sont bien comprises et sagement administrées; si, d'une part, elles ne négligent aucun des nombreux moyens dont elles peuvent user pour augmenter leur bien-être, étendre le cercle de leur action bienfaisante, améliorer la condition morale et matérielle des Sociétaires, et, d'un autre côté, si elles ne compromettent pas leur avenir par des expériences trop hasardeuses ou une générosité en désaccord avec les sacrifices imposés à leurs membres. « Plus que personne — dit M. Émile Laurent, dans son remarquable ouvrage sur le *Paupérisme et les Associations de prévoyance,* — plus que personne, nous avons foi dans l'avenir des Sociétés mutuelles et dans leur expansion indéfinie; plus que personne, nous sommes certain que chaque jour verra éclore dans leur sein une nouvelle et féconde application du principe d'association et de réciprocité ; mais plus que personne aussi, nous croyons à l'absolue nécessité des bases rationnelles, à l'inanité des promesses en disproportion avec les sacrifices, à la nécessité de ne jamais considérer que comme tout à fait accessoires les concours extérieurs. »

Que tous les hommes de cœur et d'intelligence réunissent donc et multiplient leurs efforts pour propager les Sociétés de secours mutuels, améliorer celles qui existent, éviter aux unes les mécomptes inséparables d'entreprises téméraires, réveiller les autres de leur engourdissement et de leur apathie, signaler à toutes les écueils contre lesquels elles risqueraient de se briser, les guider dans la voie du progrès, et faciliter à ceux qui les dirigent l'accomplissement de la tâche laborieuse qui leur est dévolue !

Désireux, pour notre part, de concourir, autant qu'il nous sera possible de le faire, à cette œuvre si éminemment utile, nous voulons, dans ce livre, mettre à la portée de tous, mais principalement des Sociétaires eux-mêmes, la législation qui régit, en France, les Sociétés de secours mutuels des diverses catégories, ainsi que les institutions qui leur viennent en aide et les complètent, comme les Caisses d'épargne, la Caisse des retraites pour la vieillesse et les Caisses d'assurances en cas de décès et en cas d'accidents, garanties par l'État.

Bien que l'existence des Sociétés de secours mutuels soit déjà ancienne, c'est seulement depuis une vingtaine d'années qu'on s'occupe d'elles d'une manière spéciale. Auparavant, on les connaissait à peine ; ignorées du plus grand nombre, elles ne profitaient qu'à quelques rares associés, et le Gouvernement, s'il n'entravait pas leur marche, ne faisait du moins que fort peu de chose pour leur venir en aide.

La première loi dans laquelle on les voit figurer, est celle du **22 juin 1845**, sur les caisses d'épargne, qui les admettait à verser jusqu'à 6,000 fr. avec possibilité d'élever leur crédit jusqu'à 8,000 fr. par l'accumulation des intérêts (1).

Mais cette loi, qui n'avait pour objet que les opérations des caisses d'épargne, ne s'occupait des Sociétés de secours mutuels à aucun autre point de vue ; et, en l'absence de toute espèce de législation particulière, ces Sociétés se trouvaient confondues avec toutes les autres associations, et soumises comme elles à l'application rigoureuse des art. 291 à 294 du Code pénal, modifiés et complétés par la loi du 10 avril 1834.

Ainsi les Sociétés de secours mutuels ne pouvaient se créer qu'après avoir *préalablement* obtenu l'autorisation du Gouvernement. Leurs statuts étaient soumis à l'administration supérieure, qui examinait d'abord si, sous le voile de la bienfaisance et de la mutualité, ne se cachait pas l'existence d'une société secrète ; puis s'assurait que l'organisation morale et financière de l'association réunissait les garanties de durée nécessaire, et qu'enfin elle n'avait rien de contraire aux lois et règlements sur la liberté du commerce et de l'industrie. A ces conditions, la Société était autorisée à se former.

(1) Cette disposition a été reproduite dans l'art. 4 de la loi du 30 juin 1851, que nous donnons ci-après, chapitre III, section 2.

La révolution de février 1848 vint totalement changer cette situation. Implicitement abrogés par la proclamation du droit des citoyens de se réunir et de s'associer, les art. 291 à 294 du Code pénal et la loi du 10 avril 1834 cessèrent complétement d'être appliqués : les Sociétés de secours mutuels se réunirent alors, et même se constituèrent, en toute liberté. Bientôt le fait de cet affranchissement fut reconnu comme un droit. Le décret du Chef du pouvoir exécutif, du 28 juillet 1848, qui restreignait la liberté des clubs, consacra celle des associations mutuelles, et le Ministre de l'intérieur, dans sa circulaire du 31 août 1848, donna aux préfets les instructions suivantes : « Jusqu'à la promulgation du décret précité, les Sociétés de secours mutuels ne pouvaient s'établir sans l'autorisation ministérielle ; mais aujourd'hui, ces Sociétés se trouvent implicitement comprises dans l'exception de l'art. 14 du décret, et demeurent libres de toutes formalités préliminaires. Elles ne sont même pas soumises à l'action de l'autorité municipale, à moins qu'elles ne soient l'occasion de réunions habituelles ; dans ce cas, ce seraient non les Sociétés, mais les réunions, qui devraient être déclarées comme le prescrit l'article précité. Le département de l'intérieur n'ayant donc plus à s'occuper des Sociétés de l'espèce, vous devez cesser à l'avenir de m'en soumettre les statuts. Toute intervention de la part de l'administration, relativement auxdites Sociétés, serait désormais contraire à la nouvelle position que le décret du 28 juillet leur a faite. »

La déclaration pure et simple des jours de réunion était donc la seule obligation imposée aux Sociétés:

1*

elles pouvaient d'ailleurs se fonder sans demander aucune espèce d'autorisation, avant ni après leur établissement, et le Gouvernement n'avait même pas le droit de dissoudre celles dont l'existence était dangereuse pour l'ordre public, sans avoir préalablement obtenu contre elles une condamnation judiciaire. Ce système, aussi large que possible, était certes de nature à provoquer, et il provoqua en effet, la création d'un grand nombre d'associations nouvelles; mais il ne suffisait pas de se constituer, il fallait pouvoir vivre, se maintenir et prospérer. L'organisation, l'administration journalière, le régime intérieur des Sociétés, révélaient hautement la nécessité d'une réglementation légale : elle ne se fit pas longtemps attendre.

Dès le mois de mai 1848, le Comité chargé par l'Assemblée constituante de rechercher les moyens d'améliorer la condition des travailleurs, avait confié à neuf de ses membres le soin d'examiner la question des Sociétés de secours mutuels, et, le 19 février 1849, un projet de loi avait été présenté par M. Ferouillat, au nom du Comité; mais la dissolution de l'Assemblée constituante ayant eu lieu quelques mois après, ce projet ne put être discuté.

Aussitôt qu'elle fut réunie, l'Assemblée législative s'empressa de renvoyer à une nouvelle commission l'étude des propositions qui avaient été faites à sa devancière. De son côté, le Gouvernement demanda leur avis aux chambres de commerce, aux sociétés d'agriculture, aux chambres consultatives des manufactures, aux conseils de prud'hommes, aux préfets et enfin aux hommes les plus versés dans les mathématiques et les combinaisons financières. Le résultat de tous ces travaux fut porté devant l'Assemblée, qui, sur le rapport de M. Benoist d'Azy, vota la loi du 15 juillet 1850.

Lorsque cette loi fut promulguée, les Sociétés de secours mutuels jouissaient, nous l'avons déjà dit, d'une liberté absolue quant aux droits d'association et de réunion. Le législateur n'avait donc à leur accorder que les droits civils, dont elles avaient besoin pour acquérir une existence durable et prospère. C'est là ce qu'il fit, en subordonnant toutefois à l'adoption de quelques règles salutaires, les nombreux avantages dont il les gratifiait.

L'art. 11 de la loi portait qu'un règlement d'administration publique déterminerait divers détails dont l'Assemblée n'avait pas cru devoir s'occuper. Cette prescription a été remplie par un décret du président de la République, en date du 14 juin 1851.

La reconnaissance comme établissement d'utilité publique est la première obligation imposée aux Sociétés de secours mutuels qui veulent jouir de tous les priviléges accordés par la loi du 15 juillet 1850. Mais les conditions et formalités que l'on a dû exiger pour cette reconnaissance sont évidemment hors de la portée de la majeure partie des Sociétés; il en est d'ailleurs bien peu qui aient besoin d'avantages aussi étendus. C'est ce double motif qui, sans aucun doute, fait qu'il n'existe, dans toute la France, que dix Sociétés reconnues comme établissements d'utilité publique, et que, dans ce nombre, il n'y en a que quatre qui aient été reconnues sous l'empire de la législation nouvelle.

Nous venons de voir que le décret du 28 juillet 1848 avait donné aux Sociétés de secours mutuels une entière liberté. La loi du 15 juillet 1850 n'avait apporté d'autre modification à ce régime, pour les Sociétés privées, que le droit accordé au Gouvernement de les dissoudre, le Conseil d'État entendu, et l'obligation imposée aux Sociétés de fournir, à la fin de l'année, l'état de leur situation morale et financière. Un décret du 25 mars 1852 vint abroger celui du 28 juillet 1848, et remit en vigueur les art. 291, 292 et 294 du Code pénal, 1, 2 et 3 de la loi du 10 avril 1834. Toutes les associations mutuelles, autres que celles reconnues comme établissements d'utilité publique, se trouvèrent ainsi replacées sous l'empire de la législation antérieure à la révolution de 1848.

Mais le lendemain, 26 mars 1852, un second décret fut rendu (1). Inspiré par des idées plus pratiques que ne l'avait été la loi de 1850, ce décret institua, sous la dénomination de *Sociétés approuvées*, une nouvelle forme d'associations mutuelles, accessible à toutes les Sociétés, et qui leur confère des droits civils suffisants pour se développer et pour assurer leur avenir.

Nous examinerons, en les reproduisant, toutes les dispositions de ce texte important; bornons-nous à constater ici que les Sociétés cherchent de plus en plus à se placer sous son égide. Chaque jour d'anciennes associations demandent à être approuvées, et le nombre de celles qui ne le sont pas a

(1) Aux termes de l'art. 58 de la Constitution, tous les décrets rendus par le Président de la République, depuis le 2 décembre 1851 jusqu'au 29 mars 1852, jour où les grands corps de l'État furent constitués, ont *force de loi*. Les deux décrets des 25 et 26 mars 1852, que nous venons de citer, sont dans cette catégorie.

constamment diminué jusqu'en 1865; depuis lors, il est resté à peu près stationnaire. Quant aux Sociétés qui se forment actuellement, presque toutes réclament les bénéfices du décret du 26 mars 1852, « et il faut — comme le disait, en 1859, la *Commission supérieure d'encouragement et de surveillance des Sociétés de secours mutuels*, dans son rapport à l'Empereur, — il faut s'en applaudir dans l'intérêt bien entendu de la mutualité. Outre la protection et les ressources que les Sociétés doivent à l'approbation, elles y trouvent un avantage d'une extrême importance. Dès le début, par le fait seul de l'approbation de leurs statuts par le préfet, formalité qui n'entraîne ni longs délais, ni conditions difficiles, elles acquièrent une personnalité légale qui leur permet de faire tous les actes nécessaires à leur bonne administration : d'acquérir, de posséder, de placer en leur propre nom, en un mot, d'être, aux yeux de la loi, les propriétaires de leur fortune. Cette situation, intermédiaire entre la simple tolérance et la reconnaissance comme établissement d'utilité publique, suffit complétement à la sécurité, à la prospérité de leur existence, sans soulever les graves questions, sans nécessiter les longues formalités qui rendent si difficile, pour les autres institutions d'assistance et de prévoyance, l'obtention de la reconnaissance légale. »

Le 22 janvier 1852, une somme de dix millions avait été allouée aux Sociétés de secours mutuels, et le Ministre des finances fut autorisé, le 27 mars suivant, à aliéner des bois de l'État pour affecter le produit de cette vente au payement des allocations précédemment accordées. Deux décrets impériaux, l'un du 28 novembre 1853 et l'autre du 24 mars 1860, ont fixé les règles à suivre pour le placement de la dotation appartenant aux Sociétés mutuelles et pour la délivrance des subventions à leur accorder.

La loi de 1850 avait interdit aux Sociétés de promettre à leurs membres des pensions de retraite : elle voulait éviter qu'un excès de générosité amenât la ruine de la plupart d'entre elles, qui, après s'être engagées à la légère, se trouveraient à un moment donné hors d'état de fournir à la fois aux dépenses des malades et aux pensions des vieillards. Ce motif, louable d'ailleurs, n'était évidemment pas assez puissant pour enlever au principe de la mutualité une de ses plus précieuses applications : une prohibition aussi absolue était fâcheuse à tous égards; il valait mieux laisser aux Sociétaires la faculté de réaliser, quand ils le pourraient, un de leurs vœux les plus chers. Telle a été l'opinion du législateur de 1852, qui a autorisé les Sociétés à promettre des pensions de retraite lorsqu'elles compteraient un nombre suffisant de membres honoraires.

Cependant ce n'est pas encore là une garantie absolue et sur laquelle on puisse se fier entièrement. Le concours des membres honoraires n'a pas de durée certaine, leur nombre varie chaque année, le chiffre de leurs cotisations n'est pas obligatoire et peut diminuer dans de fortes proportions. Il est donc impossible de fonder sur cette branche des recettes sociales une sécurité complète pour l'avenir. Justement préoccupé de ce grave inconvénient, le Gouvernement a voulu y obvier, pour ce qui concerne les Sociétés approuvées, en créant, par le décret du 26 avril 1856, un fonds de retraite, à la constitution et à l'accroissement duquel est affectée une partie notable des intérêts de la dotation.

Les dispositions du décret du 26 avril laissent, du reste, subsister en entier la faculté que les Sociétés de secours mutuels de toute nature ont de s'adresser directement à la Caisse des retraites pour la vieillesse, soit comme intermédiaires entre elle et les Sociétaires, soit comme donatrices en effectuant des versements au nom de chaque membre individuellement. Elles jouissent même, à cet égard, de priviléges exceptionnels accordés par la loi du 28 mai 1853 et maintenus dans celle du 12 juin 1861.

Un décret impérial du 27 mars 1858 a autorisé les membres des Sociétés auxquels des médailles d'honneur auront été accordées par l'Empereur, à porter ces médailles dans toutes les réunions de Sociétaires, et un arrêté du Ministre de l'intérieur, du 24 juin de la même année, a déterminé la forme des médailles ainsi que du ruban auquel elles doivent être suspendues.

L'article 3 du décret organique du 26 mars 1852 n'avait assigné aucune limite aux fonctions des Présidents des Sociétés de secours mutuels approuvées; cette inamovibilité, que pouvait seule faire cesser une démission volontaire ou la révocation, mesure rigoureuse, irritante et tout exceptionnelle, présentait des inconvénients auxquels a obvié d'une manière satisfaisante, sous tous les rapports, le décret impérial du 18 juin 1864, qui a fixé la durée des fonctions des Présidents des Sociétés approuvées à *cinq ans*, à partir du jour de leur nomination.

Enfin, la loi du 11 juillet 1868, relative aux Caisses d'assurances en cas de décès et en cas d'accidents résultant de travaux agricoles ou industriels, — caisses placées sous la surveillance et la garantie de l'État, — a donné à la mutualité une nouvelle extension. Au moyen des assurances collectives autorisées par les art. 7 et 15 de cette loi, les Sociétés peuvent parer aux éventualités les plus redoutables et compléter, dans les meilleures conditions possibles, le bien qu'elles font déjà à leurs membres participants.

Telles sont aujourd'hui les dispositions législatives et réglementaires qui régissent les Sociétés de secours mutuels françaises, et dont les divers textes vont être successivement reproduits et annotés dans les deux chapitres suivants.

II. Définition des trois classes de Sociétés de secours mutuels et renseignements sur leur importance.

Les Sociétés de secours mutuels françaises sont actuellement divisées en trois classes ou catégories : 1° les Sociétés reconnues comme établissements d'utilité publique; 2° les Sociétés approuvées; 3° les Sociétés autorisées ou Sociétés privées.

Les Sociétés reconnues comme établissements d'utilité publique, ou simplement *Sociétés reconnues*, sont celles qui ont été constituées par décret impérial. Elles ont le droit de posséder, d'acquérir et de recevoir, par donation ou de toute autre manière, des meubles et des immeubles, quelle qu'en soit la valeur, et elles jouissent, en outre, de tous les privilèges accordés aux Sociétés approuvées par le décret du 26 mars 1852 et diverses autres lois. Il n'existe encore, dans toute la France, que dix Sociétés de cette nature.

Les *Sociétés approuvées* sont celles qui ont reçu l'approbation du Ministre de l'intérieur, dans le département de la Seine, et du préfet, dans les autres départements, conformément au décret du 26 mars 1852. Elles ont le droit d'acquérir et de posséder des biens meubles, de quelque valeur que ce soit; elles recueillent, sur une simple autorisation préfectorale, des dons et legs mobiliers n'excédant pas 5,000 fr., et elles peuvent être autorisées, par décret impérial, à accepter des dons et des legs d'une valeur supérieure. Leur président est nommé par l'Empereur; elles reçoivent des subventions de l'État, des départements et des communes, et jouissent de tous les avantages énumérés dans le décret organique du 26 mars 1852 et les lois sur les Caisses d'épargne, la Caisse des retraites pour la vieillesse et les Caisses d'assurances en cas de décès et en cas d'accidents. Le nombre de ces Sociétés s'élève à 4,200; elles se composent de 627,000 associés, dont 102,000 membres honoraires et 525,000 membres participants; leur avoir total est de 34 millions de francs.

Les *Sociétés privées* ou Sociétés *autorisées* sont celles qui existent en vertu d'une simple autorisation de police, délivrée par le préfet. Placées sous le régime des art. 291, 292 et 294 du Code pénal, et des art. 1, 2 et 3 de la loi du 10 avril 1834 sur les associations, elles n'ont d'autre droit civil que

2

celui de faire des dépôts de fonds aux caisses d'épargne, et peuvent être dissoutes par un simple arrêté préfectoral. Elles s'administrent, du reste, librement et nomment elles-mêmes leur président ainsi que tous les autres membres du bureau; elles peuvent recevoir des subventions de l'État, des départements et des communes. Ces Sociétés sont au nombre de 1,700; elles comprennent environ 236,000 membres, dont 10,000 honoraires et 226,000 participants; leur avoir total s'élève à 15 millions de francs.

Dans l'ensemble, on compte qu'il existe en France 5,900 Sociétés de secours mutuels, composées de 112,000 membres honoraires et 781,000 membres participants. C'est beaucoup, sans doute, mais ces chiffres sont encore bien minimes si l'on considère que les 89 départements de l'Empire contiennent 37,548 communes et 38,067,094 habitants. La moyenne n'est, en effet, que d'une Société pour *six* communes, et de *dix-neuf* membres participants par *mille* âmes de population; soit 1 Sociétaire seulement pour 51 habitants.

On voit par là tout ce qui reste encore à faire pour donner à la mutualité l'extension qu'elle est susceptible d'acquérir, et pour répandre ses bienfaits sur tous ceux à qui elle peut être utile !

« A côté des associations puissantes qui, dans les grandes villes, — dit la Commission supérieure, en terminant son rapport de 1864, — réunissent plus de 1,000 membres et versent chaque année au fonds de retraites des sommes considérables, beaucoup sont pauvres en membres et en ressources; plus d'un tiers n'a encore rien économisé pour ses vieillards, et un grand nombre d'ouvriers, faute de connaître ou d'apprécier les bienfaits de la mutualité, tombent aux premières atteintes de la maladie dans la détresse et n'ont plus d'autres ressources que l'hôpital, qui souvent est trop loin ou n'a pas assez de lits pour les recevoir. Il y a donc encore beaucoup d'initiatives à prendre, d'encouragements à donner, de préventions ou d'ignorance à combattre, d'améliorations à réaliser. Mais une œuvre qui a déjà fait tant de bien et tant de progrès ne s'arrêtera pas en si bonne voie ; elle en a pour garantie la haute protection dont l'Empereur l'a toujours honorée, le zèle persévérant de ceux que la loi, le choix du Gouvernement et le suffrage de leurs associés ont chargés de l'organisation et de la direction de la mutualité dans notre pays, et chaque année nouvelle, en ajoutant, comme par le passé, au nombre et à l'action des Sociétés de secours mutuels, leur apportera un titre de plus à la sympathie et à la confiance de tous. »

Et, revenant sur le même sujet, dans son rapport de 1865, la Commission supérieure s'exprime ainsi : « L'État a beaucoup fait et fait encore beaucoup pour ces utiles institutions : elles ont une législation privilégiée, une riche dotation, des récompenses spéciales. L'administration supérieure n'a cessé, par des circulaires multipliées, par l'envoi des modèles de statuts, par l'action des préfets, de stimuler la bonne volonté, de provoquer le vote des Conseils municipaux en leur faveur. Les Conseils généraux ont ajouté leurs subventions à celles de l'État ; en un mot, l'administration, à tous les degrés, sous la haute inspiration de l'Empereur, multiplie ses efforts pour que les Sociétés de secours mutuels se fondent dans toutes les communes et ne laissent pas un seul habitant de la France sans l'appui de la mutualité.

» Mais, quand il s'agit de ces œuvres qui sont le labeur et le profit de tous, il y a une force indispensable à leur succès, un concours auquel rien ne saurait suppléer. Leur propagation dépend surtout de l'initiative privée, de l'influence de cette magistrature individuelle dont est investi quiconque sait où est le bien, a eu l'honneur de le pratiquer, et sent en lui le besoin d'y faire participer les autres. Ceux-là ont surtout vocation et puissance pour populariser une œuvre, qui parlent au nom de leur propre expérience et conseillent ce qu'ils ont fait. L'exemple, la parole de ces hommes dévoués animent de leur énergie les populations jusque-là étrangères ou indifférentes et rendent accessible à tous ce qui paraissait impossible à l'ignorance ou à la prévention. »

CHAPITRE II.

LÉGISLATION SPÉCIALE DES SOCIÉTÉS DE SECOURS MUTUELS.

I. LOI sur les Sociétés de secours mutuels.

Du 15 juillet 1850.

L'ASSEMBLÉE NATIONALE A ADOPTÉ LA LOI dont la teneur suit :

ART. 1er. — Les associations connues sous le nom de Sociétés de secours mutuels pourront, sur leur demande, être déclarées établissements d'utilité publique aux conditions ci-après déterminées.

ART. 2. — Ces Sociétés ont pour but d'assurer des secours temporaires aux sociétaires malades, blessés ou infirmes, et de pourvoir aux frais funéraires des sociétaires (1).

---

(1) Cet article n'est pas limitatif; il indique seulement quel est le principal objet des Sociétés de secours mutuels.

2*

Elles ne pourront promettre des pensions de retraite aux sociétaires (1).

ART. 3. — Elles devront compter au moins cent membres, et ne pas dépasser deux mille.

Toutefois, le Ministre de l'agriculture et du commerce pourra, sur la demande du maire et du préfet, autoriser les Sociétés a admettre plus de deux mille membres.

Le nombre minimum de cent pourra être réduit pour les communes rurales ou dans des cas exceptionnels (2).

ART. 4. — Ces Sociétés sont placées sous la protection et la surveillance de l'autorité municipale. Le maire ou un adjoint par lui délégué, ont toujours le droit d'assister à toute séance; lorsqu'ils y assistent, ils les président (3).

---

(1) Cette disposition a été remplacée, pour les Sociétés *approuvées*, par l'art. 6 du décret du 26 mars 1852; et comme l'art. 17 du même décret porte que les Sociétés déclarées établissements d'utilité publique, en vertu de la loi du 15 juillet 1850, jouiront de tous les avantages accordés aux Sociétés approuvées, ce dernier paragraphe de notre art. 2 se trouve virtuellement abrogé. Il ne pourrait tout au plus être applicable qu'aux Sociétés déclarées établissements d'utilité publique antérieurement à la loi de 1850. —Voir, relativement aux retraites : 1° ce que nous avons dit au chapitre Ier (page 18); 2° le décret du 26 avril 1856 (page 69); 3° les lois sur la caisse des retraites au chapitre III, section 3.

(2) L'art. 5 du décret du 26 mars 1852 a modifié cet article pour ce qui concerne les Sociétés approuvées.

(3) Pour les Sociétés *reconnues*, si le président est, conformément au 2e paragraphe de notre article, nommé par l'association, le droit du maire d'assister aux réunions et de les présider est incontestable; mais en est-il de même à l'égard des deux autres classes d'associations mutuelles? M. Émile Laurent (page 404) résout ainsi la question : « Dans les Sociétés *approuvées*, le président est investi par le mode de sa nomination d'un caractère en quelque sorte officiel. Ce caractère, plus encore que le silence

Les présidents et vice-présidents sont nommés par l'association, conformément aux règles établies par

complet du décret sur le droit d'intervention de l'autorité municipale, ne paraît pas permettre d'attribuer au maire le *droit* de présider les séances, et de substituer ainsi sa direction à une direction créée par la loi. Nous ne parlons ici, bien entendu, que de l'absence de droit légal pour le maire, et laissons de côté la question de déférence vis-à-vis du représentant de la commune, qui est appelé par la loi à contribuer, même matériellement, à la prospérité de la Société. Quant aux Sociétés *privées*, le maire a évidemment le droit d'assister aux séances ou d'y envoyer un délégué; mais il ne peut prétendre au droit de les présider. »

M. E. Desmarest s'exprime ainsi dans le *Bulletin des Sociétés de secours mutuels*, année 1867, page 201 : « Bien que les prétentions de certains maires se trouvent déjà réfutées par le décret organique de 1852 entendu dans son véritable sens, ces fonctionnaires invoquent encore la loi de 1850, et notamment l'art. 4 de cette loi, qui leur donne le droit de présider les réunions des sociétés. Il convient de faire ressortir la confusion qui existe dans leur esprit au sujet de la loi de 1850 et du décret de 1852, qui, par sa date, a force de loi. Celle de 1850 reconnaissait à l'assemblée générale le droit de nommer le président aussi bien que les vice-présidents et autres administrateurs, et c'est au-dessus de ce président, élu par les sociétaires et dépourvu de tout caractère public, qu'elle plaçait le maire comme surveillant responsable. Mais le décret de 1852 a réglé que le président serait nommé par l'Empereur; il a donné à ce fonctionnaire un caractère public et des fonctions définies; il lui a imposé une responsabilité qui serait dérisoire s'il n'était pas indépendant. — La situation a donc complétement changé, et, à nos yeux, le décret de 1852 a abrogé la loi de 1850, avec laquelle il ne nous parait pas conciliable. Quand même cette abrogation ne serait pas réelle, quand même l'art. 4 de la loi existerait toujours, il ne serait applicable qu'aux Sociétés *reconnues* comme établissements d'utilité publique dont les présidents ne sont pas nommés par l'Empereur, et non aux Sociétés *approuvées*. — Au président seul, au président nommé par l'Empereur appartient, dans les Sociétés *approuvées*, le droit de convoquer les sociétaires, de présider les assemblées, de veiller à l'exécution des statuts. Mais il est un droit qui reste au maire, comme gardien de l'ordre public : c'est de s'assurer qu'il ne se passe rien dans l'intérieur des sociétés qui soit contraire à la tranquillité de la commune, aux lois de la police et de la sûreté, aux préceptes de la morale. Il peut, il doit même avertir le président des faits qui lui seraient dénoncés; il peut en demander la répression, il peut les faire connaître au

les statuts de la Société (1). Ils peuvent être révoqués dans la même forme.

Art. 5. — Les cotisations de chaque sociétaire seront fixées par les statuts, d'après les tables de maladie et de mortalité confectionnées ou approuvées par le Gouvernement (2).

Art. 6. — Lorsque les fonds réunis dans la caisse d'une Société de plus de cent membres s'élèveront au-dessus de la somme de trois mille francs, l'excédant sera versé à la caisse des dépôts et consignations.

Si la Société est composée de moins de cent membres, ce versement pourra avoir lieu lorsque les fonds réunis dans sa caisse dépasseront mille francs.

Le taux de l'intérêt des sommes déposées est fixé

prefet, qui est investi, par l'art. 16 du décret organique, du droit de suspendre et de dissoudre les Sociétés. — Les Sociétés de secours mutuels ne sont pas dispensées de l'observation des lois qui obligent tous les habitants du territoire, mais leur administration intérieure est complétement indépendante de l'autorité municipale. »

En résumé, il est évident pour nous : 1° que c'est dans les seules Sociétés établies comme établissements d'utilité publique que les maires ont le droit de présider les séances, pourvu toutefois que le président n'ait pas été nommé par l'Empereur; 2° que, dans les Sociétés *approuvées* ni dans les Sociétés *privées*, le maire n'a pas le droit de présider, et que, s'il n'est point membre de la Société, il ne peut assister aux séances que comme gardien de l'ordre public et pour exercer la surveillance que la loi lui confie.

(1) Aux termes de l'art. 3 du décret du 26 mars, dans les Sociétés *approuvées*, le président doit être nommé par l'Empereur; tous les autres membres du Bureau sont élus par la Société. (Voir l'art. 3 du décret et la note 1, page 42; l'art. 17 et la note 2, page 50.)

(2) Ces tables de maladie et de mortalité n'ont encore été ni confectionnées, ni approuvées par le Gouvernement, qui laisse toute liberté aux Sociétés pour la fixation du chiffre des cotisations. (Voir ce que nous disons sur ce sujet à l'art. 7 du décret du 26 mars, page 44, note 3.)

à quatre et demi pour cent par an, jusqu'à ce qu'il ait été statué autrement par une loi.

Les Sociétés de secours mutuels pourront faire aux caisses d'épargne des dépôts de fonds égaux à la totalité de ceux qui seraient permis au profit de chaque sociétaire individuellement (1).

ART. 7. — Les Sociétés déclarées établissements d'utilité publique pourront recevoir des donations et legs, après y avoir été dûment autorisées (2).

Les dons et legs de sommes d'argent ou d'objets mobiliers, dont la valeur n'excédera pas mille francs, seront exécutoires en vertu d'un arrêté du préfet (3).

Les gérants et administrateurs de ces Sociétés pourront toujours, à titre conservatoire, accepter les dons et legs. La décision de l'autorité, qui interviendra ultérieurement, aura effet du jour de cette acceptation.

ART. 8. — Au besoin, les communes fourniront gratuitement aux Sociétés dûment autorisées, ou aux

(1) Cet article est textuellement reproduit dans les art. 13 et 14 du décret du 26 mars 1852. Il s'applique donc aux Sociétés *approuvées* comme aux Sociétés *reconnues;* mais il ne concerne pas les Sociétés *privées*, qui ne peuvent pas déposer leurs fonds en compte-courant à la caisse des dépôts et consignations et n'ont le droit de faire des dépôts aux caisses d'épargne que jusqu'à concurrence de 8,000 fr., y compris les intérêts cumulés. (Voir, pour ce qui concerne les caisses d'épargne, chapitre III, section 2.)

(2) Ces legs et donations peuvent comprendre des immeubles comme des meubles et s'élever à quelque somme que ce soit. Les Sociétés approuvées n'ont pas le même avantage; elles ne peuvent pas posséder d'immeubles. (Voir l'art. 8 du décret du 26 mars 1852, page 44, ci-après.)

(3) Au-delà de 1,000 fr. l'autorisation doit être donnée par un décret impérial, rendu sur l'avis du Conseil d'État.

sections établies dans leur circonscription, les locaux nécessaires.

Elles leur fourniront aussi gratuitement les livrets et registres nécessaires à l'administration et à la comptabilité.

En cas d'insuffisance des ressources de la commune, cette dépense sera à la charge du département (1).

ART. 9. — Tous les actes intéressant les Sociétés de secours mutuels dûment autorisées seront exempts des droits de timbre et d'enregistrement (2).

ART. 10. — Sont nulles de plein droit les modifications apportées à ses statuts par une Société de secours mutuels autorisée, si elles n'ont pas été préalablement approuvées par le Gouvernement.

La dissolution ne sera valable qu'après la même approbation.

En cas de dissolution d'une Société de secours mutuels, il sera restitué aux sociétaires, faisant à ce moment partie de la Société, le montant de leurs versements respectifs, jusqu'à concurrence des fonds existants, et déduction faite des dépenses occasionnées personnellement.

Les fonds restés libres après cette restitution seront partagés entre les Sociétés du même genre ou établissements de bienfaisance situés dans la commune, ou, à leur défaut, entre les sociétés de Secours mu-

(1) Ces dispositions sont reproduites dans l'art. 9 du décret du 26 mars 1852 et s'appliquent aux Sociétés approuvées comme aux Sociétés reconnues. (Voir la note 3, page 43.)

(2) Disposition commune aux Sociétés reconnues et aux Sociétés approuvées. (Voir l'art. 11 du décret de 1852 et la note 2, page 46.)

tuels dûment autorisées du même département, au
prorata du nombre de leurs membres (1).

(1) Cet article, reproduit à peu près textuellement dans l'art. 15
du décret du 26 mars 1852, n'est applicable qu'aux Sociétés *reconnues* et aux Sociétés *approuvées*. C'est donc à tort que plusieurs
Sociétés *privées* ont cru qu'elles y étaient soumises pour la liquidation de leur avoir, en cas de dissolution. La jurisprudence, à
leur égard, est définitivement fixée par un arrêt du Conseil d'État
du 3 août 1858, rendu dans les circonstances suivantes :

Une association mutuelle privée, du département de la Sarthe,
s'étant écartée du but de son institution, le préfet prit, le
25 mars 1853, un arrêté par lequel il prononça la dissolution de la
Société, nomma un liquidateur et fixa le mode de répartition des
fonds en caisse. Le 6 avril suivant, un second arrêté prescrivit la
recherche au domicile du sieur Ozou de Verrie, président de la
Société, des papiers, registres et valeurs appartenant à cette association. La liquidation terminée, le préfet l'approuva le 17 mai 1853.
Puis, enfin, par un arrêté en forme de lettre, du 28 du même mois,
il annula les pouvoirs confiés au président, par divers membres,
pour retirer les sommes par eux versées et en disposer, et il
ordonna que le produit des souscriptions d'un certain nombre
d'associés fondateurs serait distribué, par égales portions, aux
associés mutualistes. Le président et quelques autres membres de
la Société dissoute formèrent, devant le Conseil d'État, un pourvoi,
sur lequel il a été statué, le 3 août 1858, en ces termes :

« AU FOND :

» *En ce qui touche l'arrêté du 25 mars 1853, en tant qu'il a
pour objet de dissoudre la Société,*

» Considérant que le décret du 25 mars 1852, en abrogeant le
décret du 28 juillet 1848, déclare que les art. 291, 292 et 294 du
Code pénal, et les art. 1, 2 et 3 de la loi du 10 avril 1834, seront
applicables aux réunions publiques, de quelque nature qu'elles
soient ; — Que ces dispositions nouvelles ont virtuellement abrogé
l'art. 12 de la loi du 15 juillet 1850, et que, dès lors, le préfet de
la Sarthe, en prononçant la dissolution de la Société, n'a pas
excédé ses pouvoirs ;

» *En ce qui touche l'arrêté du 25 mars 1853, en tant qu'il a pour
objet la liquidation de la Société, l'arrêté du 17 mai et celui du
28 du même mois,*

» Considérant que l'art. 10 de la loi du 15 juillet 1850 et l'art. 15
du décret du 26 mars 1852, ne sont applicables qu'aux Sociétés
reconnues comme établissements d'utilité publique, ou *approuvées ;*
— Que, s'il était dans le droit du préfet de prescrire des mesures
provisoires pour assurer la conservation de l'actif d'une Société

Art. 11. — Un règlement d'administration publique déterminera (1) :

1° Les conditions et garanties générales sous lesquelles les Sociétés de secours mutuels seront reconnues comme établissements d'utilité publique dans les limites fixées par la présente loi ;

2° Le mode de surveillance de ces établissements par l'État ;

3° Les causes qui pourraient autoriser les Préfets à prononcer la suspension temporaire de ces Sociétés ;

4° Les formes et conditions de leur dissolution.

Art. 12. — Les Sociétés de secours mutuels déjà reconnues comme établissements d'utilité publique continueront à s'administrer conformément à leurs statuts.

privée après sa dissolution, il ne pouvait lui appartenir de régler les intérêts privés des Sociétaires ; — Que, dès lors, en chargeant le sieur Richard, juge de paix, de procéder à la liquidation de la Société, en fixant le mode et les conditions de la liquidation, et en attribuant aux mutualistes des sommes versées à la caisse sociale par des associés fondateurs le préfet de la Sarthe a excédé ses pouvoirs ;

» *En ce qui touche l'arrêté du 6 avril 1853,*

» Considérant que le préfet, en prenant cet arrêté, a agi en qualité d'officier de police judiciaire et en vertu des pouvoirs qui lui sont conférés par l'art. 10 du Code d'instruction criminelle ; — Que, dès lors, cet arrêté ne peut nous être déféré par la voie contentieuse ;

» Art. 1er. La requête des sieurs Ozou de Verrie et consorts, en tant qu'elle a pour objet de faire annuler les dispositions de l'arrêté du 25 mars 1853, relatives à la dissolution de cette Société, et l'arrêté du 6 avril suivant, est rejetée.

» Art. 2. Les dispositions de l'arrêté du 25 mars 1853, concernant la liquidation de la Société, l'arrêté du 17 mai et celui du 28 du même mois, en tant qu'ils s'appliquent personnellement aux sieurs Ozou de Verrie, Richard, Leroux, David, Degoulet, Gobit, Benoist et d'Argy, sont annulés pour excès de pouvoirs. »

(1) Décret du 14 juin 1851, page 34 ci-après.

Les Sociétés non autorisées, mais existant depuis un temps assez long pour que les conditions de leur administration aient été suffisamment éprouvées, pourront être reconnues comme établissements d'utilité publique, lors même que leurs statuts ne seraient pas complétement d'accord avec les conditions de la présente loi.

Les autres Sociétés de secours mutuels actuellement constituées, ou qui se formeraient à l'avenir, s'administreront librement, tant qu'elles ne demanderont pas à être reconnues comme établissements d'utilité publique.

Néanmoins, elles pourront être dissoutes par le Gouvernement, le Conseil d'État entendu, dans le cas de gestion frauduleuse, ou si elles sortaient de leur condition de Sociétés mutuelles de bienfaisance (1).

En cas de contravention à l'arrêté de dissolution, les membres, chefs ou fondateurs seront punis correctionnellement des peines portées en l'art. 13 de la loi du 28 juillet 1848 (2).

Art. 13. — Le Ministre de l'agriculture et du commerce rendra compte, dans le premier semestre

(1) Ce paragraphe est abrogé, pour ce qui concerne les Sociétés *approuvées*, par l'art. 16 du décret du 26 mars 1852. Il n'est pas non plus applicable aux Sociétés *privées*. Par arrêt du 8 mai 1856 (*affaire Hervé*), le Conseil d'État a rejeté le pourvoi d'une Société de cette catégorie, qui se fondait sur l'art. 12 de la loi du 15 juillet 1850 pour demander l'annulation de l'arrêté préfectoral qui avait prononcé sa dissolution. L'arrêt du 3 août 1858, reproduit page 31, note 1, consacre la même jurisprudence.

(2) Cette dernière disposition de l'art. 12 est applicable à toutes les Sociétés dont la dissolution a été prononcée, soit par décret impérial, soit par arrêté du préfet. (Voir, page 83, l'art. 13 du décret-loi du 28 juillet 1848.)

3

de chaque année, de l'exécution de la présente loi (1).

A cet effet, chaque Société de secours mutuels devra fournir, à la fin de l'année, au préfet du département où elle est placée, un compte de la situation et un état des cas de maladie ou de mort éprouvés par les sociétaires dans le cours de l'année (2).

ART. 14. — Un crédit extraordinaire de cent mille francs est ouvert à M. le Ministre du commerce pour subvenir aux dépenses nécessaires à l'exécution de la présente loi (3).

II. DÉCRET portant règlement d'administration publique sur les Sociétés de secours mutuels.

Du 14 juin 1851.

LE PRÉSIDENT DE LA RÉPUBLIQUE,

Sur le rapport du Ministre de l'agriculture et du commerce;

Vu la loi du 15 juillet 1850;

Vu spécialement l'article 11 de ladite loi, ainsi conçu : « Un règlement d'administration publique

(1) La Commission supérieure créée par l'art. 19 du décret du 26 mars 1852 est maintenant chargée de ce soin.

(2) Cette disposition, qui est obligatoire pour toutes les Sociétés, qu'elles soient *privées, approuvées* ou *reconnues*, est reproduite dans l'art. 20 du décret du 26 mars 1852.

(3) Une dotation de dix millions de francs a été affectée aux Sociétés de secours mutuels par le décret du 22 janvier 1852. (Voyez ci-après, page 66.)

déterminera : 1º les conditions et garanties générales sous lesquelles les Sociétés de secours mutuels seront reconnues comme établissements d'utilité publique dans les limites fixées par la présente loi ; 2º le mode de surveillance de ces établissements par l'État; 3º les causes qui pourraient autoriser les préfets à prononcer la suspension temporaire de ces Sociétés; 4º les formes et conditions de leur dissolution; »

Le Conseil d'État entendu,

DÉCRÈTE :

TITRE PREMIER.

De l'autorisation des Sociétés de secours mutuels comme établissements d'utilité publique.

ARTICLE PREMIER. — Les Sociétés de secours mutuels sont reconnues comme établissements d'utilité publique par décret rendu dans la forme des règlements d'administration publique (1).

ART. 2. — La demande est adressée au préfet avec les pièces suivantes :

1º L'acte notarié contenant les statuts;

2º Un état nominatif, certifié par le notaire, des Sociétaires qui y ont adhéré;

3º Un exemplaire du règlement intérieur.

ART. 3. — Le préfet transmet la demande et les pièces au Ministre de l'agriculture et du commerce, avec son avis motivé.

(1) Ces décrets sont rendus sur l'avis du Conseil d'État.

Il fait connaître, notamment, les ressources de la Société, les moyens à l'aide desquels les communes pourraient être appelées à contribuer aux dépenses indiquées dans l'art. 8 de la loi du 15 juillet 1850.

ART. 4. — Les statuts doivent régler :

Le but de la Société ;

Les conditions d'admission et d'exclusion ;

Les droits aux secours et aux frais funéraires ;

Le montant des cotisations, les époques d'exigibilité et les formes de la perception ;

Le mode de placement des fonds ;

Le mode d'administration de la Société.

ART. 5. — Aucune modification ne peut être apportée aux statuts, si elle n'a été approuvée par le Gouvernement dans la même forme que l'autorisation.

TITRE II.

De la surveillance des Sociétés.

ART. 6. — Les Sociétés de secours mutuels sont tenues de communiquer leurs livres, registres, procès-verbaux et pièces de toute nature aux préfets, sous-préfets et maires, et à leurs délégués.

Cette communication a lieu sans déplacement, sauf le cas où le déplacement serait ordonné par arrêté du préfet (1).

ART. 7. — La forme des livrets et des registres de comptabilité est déterminée par le Ministre de l'agriculture et du commerce (2).

(1) Cet article est obligatoire pour toutes les Sociétés.

(2) Voir, à la page 58, l'arrêté ministériel du 15 avril 1853.

Art. 8. — Chaque année, les Sociétés de secours mutuels adresseront au Maire de la commune où est établi le siége de la Société et au Préfet du département un relevé de leurs opérations pendant le cours de l'année précédente, et un état de leur situation au 31 décembre, conformément aux modèles déterminés par le Ministre de l'agriculture et du commerce (1).

Art. 9. — Pour assurer l'exécution de l'art. 4 de la loi du 15 juillet 1850, le conseil d'administration de chaque Société informera le maire de la commune où siége la Société, au commencement de chaque année, des jours de ses séances périodiques. Lorsque les séances ne seront pas périodiques, ou lorsqu'il y aura des séances extraordinaires, le maire en sera prévenu au moins trois jours à l'avance.

Il sera également prévenu, dans le même délai, de la réunion de toute assemblée générale des Sociétaires (2).

Il sera fait procès-verbal des délibérations, soit du conseil d'administration, soit des assemblées générales, sur un registre spécial.

Les procès-verbaux seront signés par le président et le secrétaire (3).

(1) Cet article a été modifié par l'art. 20 du décret du 26 mars 1852. Les Sociétés de toute nature n'ont à adresser leur compte rendu qu'au préfet du département; elles n'en doivent pas au maire de la commune.

(2) Ces dispositions s'appliquent aux Sociétés *privées* comme aux Sociétés *reconnues;* mais elles ne concernent pas les Sociétés *approuvées,* dont le Président, nommé par le chef de l'État, a un caractère officiel. (Voir ce que nous avons déjà dit, page 26, note 3.)

(3) Ces deux derniers paragraphes concernent toutes les Sociétés.

TITRE III.

De la suspension des Sociétés.

ART. 10. — Le Préfet peut suspendre l'administration de la Société en cas de fraude dans la gestion ou d'irrégularité grave dans les registres ou pièces de comptabilité.

Les Sociétaires seront immédiatement convoqués par le Maire, pour pourvoir au remplacement provisoire de l'administration suspendue.

En cas de négligence ou de refus des Sociétaires, le Maire y pourvoira d'office.

ART. 11. — Le Préfet peut ordonner la suspension temporaire de la Société elle-même, dans le cas où elle sortirait des conditions des Sociétés mutuelles de bienfaisance.

ART. 12. — Les arrêtés de suspension seront notifiés à l'administration de la Société et au Maire de la commune, chargé d'en assurer l'exécution.

Ils seront transmis immédiatement, avec un rapport motivé, au Ministre de l'agriculture et du commerce, et, s'il y a lieu, au Ministre de l'intérieur (1).

TITRE IV.

De la dissolution des Sociétés de secours mutuels.

ART. 13. — La dissolution volontaire des Sociétés

---

(1) Les dispositions des art. 10, 11 et 12 s'appliquent aux Sociétés des trois catégories. Elles ont été complétées, pour les Sociétés *approuvées*, par l'art. 16 du décret du 26 mars 1852.

de secours mutuels ne peut être demandée qu'en vertu d'une délibération prise, sous la présidence du Maire ou de son délégué, à la majorité des trois quarts des membres présents et à la majorité absolue des membres de la Société.

Art. 14. — La dissolution peut être prononcée par le Gouvernement en cas d'inexécution des statuts, de contravention aux lois et au présent règlement.

Art. 15. — La dissolution peut encore être prononcée si le nombre des membres tombe au-dessous du minimum fixé par l'art. 3 de la loi du 15 juillet 1850. — Mais, dans ce cas, le Préfet, pour faire compléter le nombre nécessaire à l'existence légale de la Société, pourra faire publier, dans les communes intéressées, l'état de l'actif social et le nombre des associés.

Art. 16. — La dissolution est prononcée par un décret rendu dans la forme des règlements d'administration publique, sur l'avis du Maire et du Préfet, et sur le rapport du Ministre de l'agriculture et du commerce, ou du Ministre de l'intérieur, selon les cas (1).

Art. 17. — La liquidation se fait sous la surveillance du Préfet ou de son délégué.

Les comptes de liquidation sont adressés au Ministre de l'agriculture et du commerce (2).

(1) Les art. 13, 14, 15 et 16 ne concernent plus que les Sociétés reconnues.

(2) Les Sociétés de secours mutuels ne sont plus dans les attributions du Ministre de l'agriculture et du commerce; elles appartiennent exclusivement au ministère de l'intérieur.

ART. 18. — Les fonds restés libres après la liquidation sont répartis, par arrêté du Ministre de l'agriculture et du commerce, conformément à l'art. 10 de la loi du 15 juillet 1850 (1).

ART. 19. — Les Ministrés de l'intérieur et de l'agriculture et du commerce sont chargés, chacun en ce qui le concerne, de l'exécution du présent décret, qui sera inséré au *Moniteur*, et publié au *Bulletin des lois*.

III. DÉCRET sur les Sociétés de secours mutuels.

Du 26 mars 1852.

LOUIS NAPOLÉON, PRÉSIDENT DE LA RÉPUBLIQUE FRANÇAISE,

Sur la proposition du Ministre de l'intérieur,

DÉCRÈTE :

TITRE Ier.

Organisation et base des Sociétés de secours mutuels.

ARTICLE PREMIER. — Une Société de secours mutuels sera créée par les soins du Maire et du Curé dans chacune des communes où l'utilité en aura été reconnue (2).

(1) Les dispositions des art. 17 et 18 ne s'appliquent point aux Sociétés *privées*. (Voir à cet égard la note 1 de la page 31.)

(2) Désireux de voir toutes les communes de France dotées d'une

Cette utilité sera déclarée par le Préfet, après
avoir pris l'avis du Conseil municipal (1).

Toutefois, une seule Société pourra être créée
pour une ou plusieurs communes voisines entre elles,
lorsque la population de chacune sera inférieure à
mille habitants (2).

ART. 2. — Ces Sociétés se composent d'associés
participants et de membres honoraires; ceux-ci
payent les cotisations fixées ou font des dons à l'association, sans participer aux bénéfices des statuts (3).

Société de secours mutuels, l'Empereur a voulu, par cet article,
faire directement appel au Maire et au Curé, dont l'initiative lui
paraissait devoir produire le meilleur résultat; mais il ne s'ensuit
pas qu'une Société ne puisse être créée sans le secours du Maire
ou du Curé, et que toute personne influente ne puisse s'occuper de
cette création, rédiger des statuts et les soumettre à l'approbation
préfectorale. En effet, dans sa circulaire du 5 septembre 1803,
M. le Ministre de l'Intérieur dit : « C'est au Maire et au Curé, *ou
même à toutes les personnes de bonne volonté de chaque commune,*
qu'il appartient d'organiser une Société dans leur localité. » (Voir
    page 26, note 5, ce qui concerne le droit des Maires sur les
Sociétés.)

(1) Ces Sociétés sont celles que l'on désigne plus spécialement
sous le nom de Sociétés *municipales;* elles sont comprises dans la
classe des Sociétés *approuvées.* — Il n'est pas nécessaire que le
Conseil municipal donne un avis favorable; c'est ce qu'a décidé
M. le Ministre de l'Intérieur toutes les fois qu'il a été consulté à
cet égard. Le Préfet peut donc approuver la Société, quelle que
soit l'opinion du Conseil municipal.

(2) M. le Ministre de l'Intérieur, dans une lettre adressée à M. le
Préfet de la Moselle, le 30 avril 1856, a interprété cette disposition
de la manière suivante : « L'art. 1er du décret organique s'oppose
à ce qu'on puisse réunir dans une même Société plusieurs communes de *mille habitants chacune;* mais il n'interdit pas de réunir
à une commune de mille habitants d'autres communes d'une population moindre, et qui ne trouveraient pas en elles-mêmes d'éléments suffisants pour la création d'une Société de secours mutuels. » (*Bulletin des Sociétés de secours mutuels,* année 1856,
page 324.)

(3) Le nombre des membres honoraires, ou associés libres, est

ART. 3. — Le président de chaque Société sera nommé par le Président de la République (1).

illimité; celui des Sociétaires, ou membres participants, est déterminé par l'art. 5 ci-après. — Il n'est pas nécessaire qu'une Société, pour être approuvée, ait déjà des membres honoraires; il suffit que le principe de leur admission soit écrit dans les statuts. Cette obligation a pour but non-seulement de créer des ressources plus spécialement destinées aux pensions de retraite des sociétaires, mais encore d'opérer entre les différentes classes de citoyens un rapprochement qui transforme de dangereuses rivalités en des sentiments d'estime réciproque, de confiance et de fraternité chrétienne. « L'accession de chaque membre honoraire représente à la fois un bon sentiment et une bonne œuvre, par le rapprochement qu'elle opère entre les éléments divers de la population et le secours désintéressé qu'elle procure au vieillard et à l'infirme. » (*Commission supérieure*. Rapport de 1850.)

(1) Actuellement par l'Empereur. Cette disposition est spéciale aux Sociétés *approuvées*, car le président est nommé par l'association dans les Sociétés *reconnues* et les Sociétés *privées*. « La nomination du président par l'Empereur, — dit la Commission supérieure dans son rapport de l'année 1850, — a été le plus éclatant témoignage rendu par le Souverain à l'importance, chaque jour plus grande, des Sociétés de secours mutuels. Cette nomination ne fait d'ailleurs, en général, que confirmer le choix de la Société tout entière, en se portant, tantôt sur son fondateur, tantôt sur son président élu, toujours sur un homme que ses antécédents appelaient naturellement à sa tête. Les présidents ont compris que leur autorité devait emprunter à sa haute origine plus de force pour défendre leur Société et faire valoir ses droits à la protection du Gouvernement. Lorsque la loi, dans l'intérêt de la sécurité publique, soumet toutes les associations *privées* au régime sévère d'une surveillance quotidienne, et ne leur accorde qu'une existence précaire et toujours révocable, la présence, à la tête d'une société *approuvée*, d'un président investi de la confiance du Gouvernement, la met à l'abri de toutes les défiances et devient la meilleure garantie de son indépendance et de sa durée. » « Le président est placé à la tête de l'association, — avait dit auparavant M. le Ministre de l'intérieur dans sa circulaire du 20 mai 1852, — pour la garantir contre les défiances, la défendre contre ses abus. Il répond aux Sociétaires de la protection et de la bienveillance du Gouvernement; au Gouvernement de la sage et bonne direction de la Société, mais il n'enlève rien à celle-ci de sa liberté dans le choix de son bureau et de ses membres : la gestion des fonds, l'administration des affaires resteront toujours entre les mains de ceux à qui

Le bureau sera nommé par les membres de l'association.

Art. 4. — Le président et le bureau prononceront l'admission des membres honoraires. Le président surveillera et assurera l'exécution des statuts. Le bureau administrera la Société (1).

Art. 5. — Les associés participants ne pourront être reçus qu'au scrutin et à la majorité des voix de l'assemblée générale (2).

Le nombre des sociétaires participants ne pourra excéder celui de cinq cents. Cependant il pourra être augmenté en vertu d'une autorisation du Préfet (3).

leurs co-associés en auront confié le mandat. » — Le bureau est, en effet, toujours élu par la Société, de quelque catégorie qu'elle soit.

Un étranger ne nous paraît pas pouvoir être régulièrement investi des fonctions de président; la qualité de citoyen français est nécessaire pour exercer la portion d'autorité publique attachée à ces fonctions. Le vice-président, pouvant être appelé à remplacer le président absent ou empêché, doit également être Français.

Rien ne s'oppose à ce qu'une même personne soit chargée de la présidence de plusieurs Sociétés; néanmoins ce cumul ne doit avoir lieu que dans des circonstances tout à fait exceptionnelles.

Le titre de *Président d'honneur* ou *Président honoraire*, que quelques Sociétés décernent à certains de leurs membres, est purement honorifique; il ne diminue en rien les prérogatives du Président nommé par l'Empereur, et ne saurait, dans aucun cas, donner à celui auquel il a été conféré le droit de remplacer, dans aucune de ses fonctions, le président titulaire, qui ne peut être suppléé que par un vice-président élu par la Société.

(1) Bien que cet article semble séparer le président du bureau, dans la pratique ils ne font qu'un. Le président est membre du bureau, il le préside et administre conjointement avec lui.

(2) L'assemblée générale de la Société est omnipotente quant à l'admission des nouveaux Sociétaires. Chaque association fixe d'ailleurs, dans ses statuts, les conditions d'admissibilité.

(3) L'art. 3 de la loi du 15 juillet 1850 fixait un minimum de cent membres. Cette disposition n'a pas été reproduite dans le présent décret; une Société peut par conséquent être approuvée, quel que soit le nombre de ses membres.

Art. 6. — Les sociétés de secours mutuels auront pour but d'assurer des secours temporaires aux Sociétaires malades, blessés ou infirmes, et de pourvoir à leurs frais funéraires (1).

Elles pourront promettre des pensions de retraite si elles comptent un nombre suffisant de membres honoraires (2).

Art. 7. — Les statuts de ces sociétés seront soumis à l'approbation du Ministre de l'intérieur pour le département de la Seine, et du Préfet pour les autres départements. Ces statuts régleront les cotisations de chaque Sociétaire, d'après les tables de maladie et de mortalité confectionnées ou approuvées par le Gouvernement (3).

TITRE II.

Des droits et des obligations des Sociétés de secours mutuels.

Art. 8. — Une Société de secours approuvée peut

(1) Cet article n'est pas limitatif; en conséquence, les Sociétés peuvent étendre, autant que leurs ressources le permettent, les avantages accordés à leurs membres participants.

(2) Cette disposition modifie le 2e paragraphe de l'art. 2 de la loi du 15 juillet 1850. (Voir cet article et la note 1, page 26.)

(3) Ainsi que nous l'avons dit à l'art. 5 de la loi du 15 juillet 1850 (page 28, note 2), le Gouvernement n'a encore ni confectionné ni approuvé les tables de maladie et de mortalité dont il s'agit. Les Sociétés restent donc libres de fixer comme elles l'entendent le chiffre des cotisations. La Commission supérieure exige seulement que le taux de l'indemnité quotidienne de maladie ne soit pas supérieur au chiffre de la cotisation mensuelle. C'est une règle salutaire, basée sur l'expérience, et dont les Sociétés ne doivent jamais s'écarter si elles ne veulent pas s'exposer à une ruine certaine.

prendre des immeubles à bail, posséder des objets mobiliers et faire tous les actes relatifs à ces droits (1).

Elle peut recevoir, avec l'autorisation du Préfet, les dons et legs mobiliers dont la valeur n'excède pas 5,000 fr. (2).

ART. 9. — Les communes sont tenues de fournir gratuitement aux Sociétés approuvées les locaux nécessaires pour leurs réunions, ainsi que les livrets et registres nécessaires à l'administration et à la comptabilité (3).

(1) Les Sociétés *approuvées* ne peuvent par conséquent pas posséder d'immeubles; on en voit cependant beaucoup qui ont acquis ou fait construire des locaux pour leurs réunions. Il serait à désirer que cette situation anormale fût régularisée par une disposition législative, car elle peut entraîner de graves inconvénients.

(2) A l'occasion d'un legs de 6,000 fr. fait à la société Saint-François-Xavier de Beauvais, le Conseil d'État, appelé à interpréter l'art. 8, a donné, dans sa séance du 12 juillet 1864, un avis confirmé par décret impérial du 25 juillet, duquel il résulte que l'art. 8 n'a eu pour but que de limiter la compétence des Préfets, en leur accordant un droit qui facilite l'acceptation des dons et legs de peu de valeur, mais que rien ne s'oppose à ce que les Sociétés *approuvées* soient autorisées à recueillir des dons et legs mobiliers d'une valeur supérieure à 5,000 fr. L'autorisation doit, dans ce cas, être donnée par décret impérial, rendu sur l'avis du Conseil d'État.

(3) Dans sa circulaire du 2 juillet 1855, M. le Ministre de l'intérieur s'exprime en ces termes : « Les obligations des communes à l'égard des Sociétés approuvées se réduisent à la fourniture gratuite du local et du mobilier nécessaires aux réunions, et à celle des imprimés pour l'administration et la comptabilité. — La première de ces obligations, qui paraît onéreuse au premier abord, est généralement la plus facile à remplir. En effet, la salle de la mairie, celle de la justice de paix ou même de l'école primaire communale, suffit parfaitement aux réunions, soit du bureau, soit de la Société elle-même. Presque partout, on y trouvera le mobilier nécessaire, qui se borne à une table, des siéges pour le bureau, et des bancs ou des chaises pour les sociétaires. — Quant aux imprimés, ils sont au nombre de sept : 1° le registre matricule; 2° le journal du trésorier; 3° le registre des procès-verbaux; 4° le livret

4

En cas d'insuffisance des ressources de la commune, cette dépense est à la charge du département.

ART. 10. — Dans les villes où il existe un droit municipal sur les convois, il sera fait à chaque Société une remise des deux tiers pour les convois dont elle devra supporter les frais aux termes de ses statuts (1).

ART. 11. — Tous les actes intéressant les Sociétés de secours mutuels approuvées sont exempts des droit de timbre et d'enregistrement (2).

de sociétaire ; 5° la feuille de visite ; 6° le diplôme pouvant servir de passe-port et de livret ; 7° le registre pour l'inscription des diplômes. La nomenclature en a été ainsi établie et limitée par deux arrêtés de mon prédécesseur, en date des 5 janvier et 15 avril 1853. » (Voir ces arrêtés, ci-après, pages 52 et 58, et la note 1, page 55.)

Lorsqu'une Société s'étend sur plusieurs communes, c'est au Préfet qu'il appartient de fixer la part contributive de chaque commune, d'après le nombre de membres qu'elle fournit à l'association. Pour les sociétés qui comprennent tout un département, le crédit nécessaire doit être voté par le Conseil général et porté au budget départemental.

(1) Le droit municipal dont il s'agit n'existe que dans les villes où le transport des corps au cimetière est adjugé à une entreprise, dite des *Pompes funèbres.* C'est ordinairement la fabrique qui, dans les communes moins importantes, se charge du transport des corps, et il n'y a pas alors de droit municipal ; on se borne à payer le salaire des porteurs. Lorsque le défunt fait partie d'une Société de secours mutuels, ce sont ses confrères qui portent le corps, sans rétribution aucune. — La remise des deux tiers du droit municipal ne peut être réclamée que de la ville dans laquelle le sociétaire est décédé, quel que soit d'ailleurs le lieu où la Société a son siége.

(2) L'exemption ne porte que sur les *droits* et non sur la formalité du timbre et de l'enregistrement ; les actes relatifs aux Sociétés doivent être visés pour timbre et enregistrés (*gratis*, bien entendu), dans les formes et les délais prescrits, (Circulaire du Directeur général de l'enregistrement et des domaines, du 6 août 1852.)

Les droits de mutation et de transcription ne sont pas compris dans la dispense ; les Sociétés sont par conséquent obligées de les payer chaque fois qu'une transmission de biens s'opère à leur pro-

Art. 12. — Des diplômes pourront être délivrés, par le bureau de la Société, à chaque sociétaire participant. Ces diplômes leur serviront de passeport et de livret, sous les conditions déterminées par un arrêté ministériel (1).

Art. 13. — Lorsque les fonds réunis dans la caisse d'une Société de plus de cent membres excéderont la somme de 3,000 fr., l'excédant sera versé à la Caisse des dépôts et consignations. Si la Société est de moins de cent membres, ce versement devra être opéré lorsque les fonds réunis dans la caisse dépasseront 1,000 fr.

Le taux de l'intérêt des sommes déposées est fixé à quatre et demi pour cent par an (2).

fit. Cela résulte d'une décision de M. le Ministre des finances du 6 juillet 1852, fondée sur la jurisprudence de la Cour de cassation, qui, par ses arrêts des 13 janvier et 6 juillet 1818, a constaté la distinction radicale établie par la loi sur l'enregistrement entre les *mutations* et les *actes*. Le tribunal de première instance de Saint-Dié a appliqué ce principe dans un jugement du 24 avril 1863, portant que « le décret de 1852 ne parle que du droit d'*acte* et qu'il est évident que, s'il avait voulu affranchir les sociétés de secours mutuels des droits de mutation, il l'eût formellement exprimé. »

Une décision du Ministre des finances, du 23 février 1854 (*Bulletin des Sociétés de secours mutuels*, année 1856, page 93), a appliqué l'exemption accordée par l'art. 11 aux expéditions des actes de naissance et de mariage des Sociétaires, qui doivent être délivrées sur papier non timbré, lorsqu'elles sont demandées aux Maires, dans l'intérêt des associations, par les présidents des Sociétés *approuvées* ou *reconnues*; elles doivent alors contenir la mention expresse de leur objet et de leur destination spéciale; elles sont visées pour timbre gratis. — Les actes de décès ne jouissent pas de la même faveur; ils sont cependant aussi nécessaires aux Sociétés, car elles ne peuvent rentrer en possession du capital d'une pension de retraite qu'en produisant l'acte de décès du titulaire. Il faut espérer que cette lacune sera prochainement comblée.

(1) Voyez, p. 52, l'arrêté du Ministre de l'intérieur du 5 janvier 1855, relatif à la délivrance et à l'emploi des diplômes.

(2) L'obligation de versement à la Caisse des dépôts et consigna-

ART. 14. — Les Sociétés de secours mutuels approuvées pourront faire aux Caisses d'épargne des dépôts de fonds égaux à la totalité de ceux qui seraient permis au profit de chaque sociétaire individuellement (1).

tions, que cet article impose aux Sociétés *approuvées*, devient une faveur par la fixation de l'intérêt à 4 1/2 pour cent l'an. Aussi les Sociétés, qui tout d'abord avaient négligé ce mode de placement, s'empressent-elles aujourd'hui d'en profiter. Dès qu'elles possèdent le capital de 1,000 ou 3,000 fr. ci-dessus fixé, elles peuvent placer, non-seulement *l'excédant* comme le porte l'art. 13, mais tous les fonds en caisse, quel qu'en soit le chiffre. Cette interprétation, plus favorable aux Sociétés, a été admise par l'administration supérieure.

Dans les départements, les Trésoriers-payeurs généraux et les Receveurs particuliers des finances sont chargés de recevoir les fonds ainsi que de les rembourser, lorsqu'il y a lieu. Les formalités à remplir sont très-simples. Lors du premier versement, la Société doit produire : 1° une copie certifiée du décret qui nomme le président; 2° deux exemplaires des statuts; 3° un mandat ou ordre de dépôt délivré par le président, indiquant le nombre de membres en exercice et constatant que l'association possède au moins le capital de 1,000 ou 3,000 fr. fixé par notre article 13. Après le premier versement, ces justifications ne sont plus exigées et le trésorier de la Société n'a plus besoin, pour verser, que de produire un mandat du président. — Les fonds ainsi placés sont gérés sous la garantie de l'État. Les intérêts courent du jour du dépôt, pourvu que les fonds soient restés trente jours à la caisse ; ils sont liquidés le 31 décembre de chaque année, mais ils ne sont point capitalisés. La Société doit donc les toucher dans le courant du mois de janvier, et en opérer le versement à nouveau pour qu'ils soient ajoutés au capital du dépôt.

Le remboursement de tout ou partie des fonds déposés a lieu entre les mains du trésorier sur sa quittance et la remise d'un mandat de retrait ou d'une demande écrite du Président de la Société. Aux termes des instructions adressées aux Trésoriers-payeurs généraux des finances, le remboursement doit être fait dans les dix jours qui suivent la demande ; dans la pratique, il a ordinairement lieu à présentation, car la Caisse des dépôts et consignations ne tient pas à conserver des fonds sur lesquels elle paie un intérêt de 4 1/2 pour cent.

(1) Nous avons déjà vu, page 20, note 1, que cette faveur n'est accordée qu'aux Sociétés *reconnues* et aux Sociétés *approuvées*. Les

Elles pourront aussi verser dans la Caisse des retraites, au nom de leurs membres actifs, les fonds restés disponibles à la fin de chaque année (1).

Art. 15. — Sont nulles de plein droit, les modifications apportées à ses statuts par une Société, si elles n'ont pas été préalablement approuvées par le Préfet (2).

La dissolution ne sera valable qu'après la même approbation.

En cas de dissolution d'une Société de secours mutuels, il sera restitué aux Sociétaires, faisant à ce moment partie de la Société, le montant de leurs versements respectifs, jusqu'à concurrence des fonds existants, et déduction faite des dépenses occasionnées par chacun d'eux.

Les fonds restés libres après cette restitution seront partagés entre les Sociétés de même genre ou établissements de bienfaisance situés dans la commune ; à leur défaut, entre les Sociétés de secours mutuels approuvées du même département, au prorata du nombre de leurs membres (3).

placements aux Caisses d'épargne sont d'ailleurs toujours facultatifs. Ils peuvent s'élever pour chaque membre à une somme de 1,000 fr., maximum attribué par l'art. 1er de la loi du 30 juin 1851, à chaque compte individuel ; ainsi, une Société de cent membres participants peut avoir jusqu'à 100,000 fr. à la Caisse d'épargne. (Voir, pour ce qui concerne ces Caisses, la section 2 du Chapitre III, ci-après.)

(1) Voyez, pour ce qui concerne les Retraites, l'art. 6, paragraphe 2 du présent décret, page 44.

(2) Aucune modification aux Statuts ne peut donc être mise à exécution, ni devenir obligatoire pour les Sociétaires, qu'après l'approbation préfectorale.

(3) Voir ce que nous avons dit de la dissolution des Sociétés sous l'art. 10 de la loi du 15 juillet 1850, page 31, note 1.

4*

ART. 16. — Les Sociétés approuvées pourront être suspendues ou dissoutes par le Préfet pour mauvaise gestion, inexécution de leurs statuts ou violation des dispositions du présent décret (1).

TITRE III.

Dispositions générales.

ART. 17. — Les Sociétés de secours mutuels déclarées établissements d'utilité publique, en vertu de la loi du 15 juillet 1850, jouiront de tous les avantages accordés par le présent décret aux Sociétés approuvées (2).

ART. 18. — Les Sociétés non autorisées, actuellement existantes ou qui se formeraient à l'avenir, pourront profiter des dispositions du présent décret, en soumettant leurs statuts à l'approbation du Préfet (3).

(1) Voir, page 38, les art. 10, 11 et 12 du décret réglementaire du 14 juin 1851.

(2) Elles conservent, en outre, tous les priviléges qui résultent pour elles de la loi du 15 juillet 1850. Mais, pour que les Sociétés *reconnues* puissent bénéficier des dispositions de l'art. 17 ci-dessus, il faut que le président soit nommé par l'Empereur, conformément à l'art. 3 ; cette nomination est indispensable pour qu'il acquière un caractère officiel et soit investi d'une sorte de délégation de la puissance publique nécessaire pour remplir certaines fonctions, notamment délivrer des diplômes servant de livret et de passe-port.

(3) Pour les Sociétés nouvelles, les statuts doivent être rédigés d'après les bases adoptées par la Commission supérieure ; mais, pour l'approbation des Sociétés fondées antérieurement au présent décret, on n'exige que trois conditions : 1° admettre des membres honoraires ; 2° faire nommer le président par l'Empereur ; 3° ne pas promettre de secours contre le chômage. Hors de là, toute latitude est laissée aux Préfets pour accepter ce que le temps et

ART. 19. — Une Commission supérieure d'encouragement et de surveillance des Sociétés de secours mutuels est instituée au ministère de l'intérieur, de l'agriculture et du commerce (1).

Elle est composée de dix membres nommés par le Président de la République.

Cette commission est chargée de provoquer et d'encourager la fondation et le développement des Sociétés de secours mutuels, de veiller à l'exécution du présent décret et de préparer les instructions et règlements nécessaires à son application.

Elle propose des mentions honorables, médailles d'honneur et autres distinctions honorifiques, en faveur des membres honoraires ou participants qui lui paraissent les plus dignes (2).

l'expérience auront consacré dans les statuts des Sociétés déjà existantes. (Circulaire de M. le Ministre de l'intérieur du 20 mai 1852.)

Les formalités à remplir pour obtenir l'approbation se bornent à adresser au Ministre de l'intérieur pour le département de la Seine, et aux Préfets pour les autres départements, une demande écrite, accompagnée des pièces suivantes :

1° Deux exemplaires des statuts ;

2° Une liste nominative des membres honoraires, s'il y en a dans la Société ;

3° Une liste nominative des membres participants, indiquant l'âge et la profession de chacun d'eux ;

4° Un état de la situation financière.

(1) En plaçant à la tête des Sociétés de secours mutuels cette réunion d'hommes éminents et dévoués, le Gouvernement a témoigné hautement l'intérêt qu'il porte à ces associations et l'importance qu'il attache au développement de la mutualité. La Commission supérieure s'occupe des trois catégories de Sociétés.

(2) Six distributions de récompenses ont eu lieu jusqu'à ce moment. La première en 1854, la seconde en 1857, la troisième en 1860, la quatrième en 1863, la cinquième en 1866 et la sixième en 1869. Elles comprennent ensemble : 12 croix de la Légion d'honneur ; 120 médailles d'or ; 597 médailles d'argent ; 523 médailles de bronze et 110 mentions honorables ; — Le port des médailles a été autorisé par décret impérial du 27 mars 1858. (Voir ci-après, p. 74.)

Elle propose à l'approbation du Ministre de l'intérieur les statuts des Sociétés de secours mutuels établies dans le département de la Seine.

ART. 20. — Les Sociétés de secours mutuels adresseront chaque année au Préfet un compte rendu de leur situation morale et financière (1).

Chaque année, la commission supérieure présentera au Président de la République un rapport sur la situation de ces Sociétés, et lui soumettra les propositions propres à développer et à perfectionner l'institution (2).

ART. 21. — Le Ministre de l'intérieur est chargé de l'exécution du présent décret.

IV. ARRÊTÉ MINISTÉRIEL relatif à la délivrance des diplômes et à leur emploi comme livrets et passe-ports.

Du 5 janvier 1855.

LE MINISTRE SECRÉTAIRE D'ÉTAT AU DÉPARTEMENT DE L'INTÉRIEUR, DE L'AGRICULTURE ET DU COMMERCE;

Sur le rapport du Conseiller d'État, directeur de l'agriculture et du commerce;

(1) Cette obligation est imposée aux trois classes de Sociétés mutuelles. Les trois états à remplir sont fournis par l'administration départementale, et envoyés aux Présidents, à la fin de chaque année. Les Sociétés doivent apporter le plus grand soin dans la formation de ces états, qui servent à établir les résultats généraux présentés à l'Empereur par la Commission supérieure.

(2) La Commission a présenté son premier rapport à l'Empereur en 1853, pour 1852 et les années antérieures.

Vu les propositions de la Commission supérieure d'encouragement et de surveillance des Sociétés de secours mutuels;

Vu le décret du 26 mars 1852 sur les Sociétés de secours mutuels,

ARRÈTE :

ART. 1er. — Les diplômes accordés, en vertu de l'art. 12 du décret du 26 mars 1852, aux membres des Sociétés de secours mutuels approuvées (1), pourront servir de livret et de passe-port, aux conditions suivantes :

ART. 2. — Les Sociétaires ne pourront en obtenir la délivrance qu'un an au moins après leur admission dans la Société (2), et après le dépôt à son secréta-

---

(1) Les membres participants des Sociétés *reconnues* comme établissements d'utilité publique jouissent du même privilége, en vertu de l'art. 17 du décret du 26 mars 1852. (Voir cet article et la note 2, page 50.)

(2) Par sa circulaire du 3 février 1853, M. le Ministre de l'intérieur a interprété comme suit cette disposition : « L'article 2 de l'arrêté du 5 janvier 1853, dispose que « les sociétaires ne pour- » ront obtenir la délivrance du diplôme qu'*un an au moins après* » *leur admission dans la Société.* » Pour régulariser la délivrance de ces diplômes, il importe de distinguer les Sociétés en trois catégories : 1o les Sociétés dont la création remonte à plus d'un an et qui ont été reconnues ou approuvées dès leur établissement; 2o les Sociétés fondées depuis plus d'un an, mais qui sont depuis moins d'un an reconnues ou approuvées; 3o les Sociétés reconnues ou approuvées dès leur création, mais qui n'ont pas encore une année d'existence.

» En ce qui concerne la première de ces trois catégories, l'application de l'art. 2 ne soulève aucun doute.

» Il n'en est pas de même à l'égard de la seconde. Dans le cas où des Sociétés de cette catégorie, bien qu'établies depuis plus d'un an, n'ont été approuvées que depuis moins d'une année, le temps que les membres participants ont passé dans ces Sociétés antérieurement à l'approbation est-il perdu pour eux, ou doit-il leur être

riat du livret ou du passe-port dont ils pourraient être nantis; ou, à défaut, d'une déclaration signée d'eux portant qu'ils ne sont munis d'aucun de ces titres.

ART. 3. — Les diplômes seront délivrés par le bureau de la Société. Ils énonceront les nom, prénoms, âge, profession, domicile et signature du sociétaire, l'époque de son entrée dans la Société; ils seront signés par le président, le secrétaire et le sociétaire, et porteront le timbre de la Société; chaque feuillet du diplôme sera coté et parafé par le président.

ART. 4. — Les diplômes devront être délivrés sur des feuilles à souche, fournies gratuitement à la Société, d'après le modèle ci-joint, par l'administration communale, et, dans le ressort de la Préfecture de police, par le Préfet de police.

La souche contiendra toutes les énonciations du diplôme, et sera transmise par le bureau, à Paris, à la Préfecture de police; ailleurs, à la mairie.

Le diplôme ne pourra être délivré au sociétaire qu'un mois après cet envoi, et à défaut d'opposition du Préfet de police ou du maire dans cet intervalle.

Les diplômes seront représentés à toute réquisi-

---

compté dans le stage imposé par l'art. 2, pour l'obtention du diplôme? Cette question a été soulevée, et j'ai décidé, sur l'avis de la Commission supérieure, que le temps passé antérieurement à l'approbation, dans une Société approuvée, compterait pour le stage.

» En ce qui concerne les Sociétés de la troisième catégorie, c'est-à-dire celles qui, étant approuvées dès leur origine, n'ont pas néanmoins une année d'existence, il est évident que le diplôme ne peut être délivré à aucun de leurs membres avant l'expiration de l'année. »

tion du bureau de la Société et des agents de l'autorité publique.

ART. 5. — Copie des énonciations du diplôme sera transcrite sur un registre spécial et signée par le président et le sociétaire.

Ce registre sera parafé, à Paris, par le Préfet de police ou son délégué; ailleurs, par le maire. Il sera représenté à toute réquisition de l'autorité administrative (1).

ART. 6. — Le diplôme remplacera le livret pour l'ouvrier et servira aux mêmes usages (2).

___

(1) Ces registres doivent, comme les feuilles des diplômes, être fournis gratuitement par les communes. Cela résulte de deux circulaires du Ministre de l'intérieur, l'une du 2 juillet 1855, dont nous avons déjà donné à cet égard un extrait, page 45, note 3, et l'autre du 3 février 1855, qui se termine ainsi : « En vertu des art. 4 et 5 de l'arrêté du 5 janvier 1853, les diplômes ainsi que le *registre spécial* destiné à recevoir copie des énonciations du diplôme, conformément au modèle ci-annexé, seront fournis *gratuitement* à chaque Société par la commune. » — Quant à la charge qui résulte, pour les communes, de cette obligation, la Circulaire ministérielle du 2 juillet 1855 ajoute : « S'il est, toutefois, dans votre département, des communes dont les ressources disponibles ne soient pas en rapport avec ces obligations, je suis tout disposé à leur venir en aide pour la partie des frais qu'elles ne pourraient couvrir. C'est à vous, Monsieur le Préfet, qu'il appartient de désigner celles qui seraient dans ce cas. Dès que vous m'aurez fait connaître le chiffre du complément de ressources auquel j'aurai à pourvoir, je vous ouvrirai le crédit nécessaire sur le fonds spécial destiné aux Sociétés de secours mutuels. Vous aurez soin de me transmettre, pour chaque commune, un bordereau détaillé des dépenses, rédigé par le Maire et certifié par vous. »

(2) On ajoute à cet effet au diplôme quelques feuilles blanches formant livret, et destinées aux *visas pour passe-port* et aux *certificats des patrons*. — Les diplômes servant de passeport et de livret d'ouvrier sont entièrement distincts du *livret de Sociétaire* dont le modèle est annexé à l'arrêté ministériel du 15 avril 1853. (Voir ci-après, page 63.)

Art. 7. — Lorsque le sociétaire voudra voyager, il ne sera tenu qu'à faire viser, sans frais, son diplôme, à Paris, par le Préfet de police ; ailleurs, par le Maire.

Art. 8. — Dans le cas où le titulaire ferait partie de plusieurs associations, il ne pourra lui être visé qu'un seul diplôme comme passeport.

Art. 9. — L'apposition de la signature du président et du timbre de la Société devra être renouvelée tous les deux ans, sous peine de nullité du diplôme comme passeport.

Avis du renouvellement sera donné par le bureau dans les quarante-huit heures, à Paris, à la préfecture de police ; ailleurs, à la mairie.

Art. 10. — Dans le cas d'exclusion ou de sortie volontaire de la Société, le diplôme devra être remis au bureau et annulé.

Mention en sera faite sur le registre de la Société et avis en sera donné, par le bureau, dans les quarante-huit heures, à Paris, à la préfecture de police ; ailleurs, à la mairie.

Art. 11. — Le Conseiller d'État, directeur de l'agriculture et du commerce, est chargé de l'exécution du présent décret.

MODÈLE ANNEXÉ A L'ARRÊTÉ DU 5 JANVIER 1853.

(Voir à la page suivante.)

No

DÉPARTEMENT d

COMMUNE d

SOCIÉTÉ DE SECOURS MUTUELS

Approuvée le   187 , *par arrêté du*

Diplôme de Sociétaire.

M.   , âgé de   , né à   , profession
de   , domicilié à   , demeurant rue   ,
a été admis dans l'Association en qualité de membre participant, le   187 .

En foi de quoi nous lui avons délivré le présent diplôme,
pour lui assurer la jouissance de tous les droits attachés au
titre de sociétaire.

Fait à   , le   187 .
(Timbre de la Société.)

Le Secrétaire,   *Le Président de la Société,*

SIGNALEMENT DE L'IMPÉTRANT :

Nom et prénoms,
âge   , cheveux et sourcils   , front   , yeux
nez   , bouche   , menton   , visage
teint   , taille 1ᵐ   , signes particuliers
natif de   , canton de   , département de

Signature du porteur.   *Le Président de la Société,*

No

Vu à la (1)   avec les pièces mentionnées en l'art. 2
de l'arrêté ministériel, lesquelles ont été visées pour rester en
dépôt aux archives de la Société, et consistent en

(Timbre de l'autorité)
(dont émane le visa.)   Le   187 .

Le (2)

(1) Préfecture de police ou Mairie.
(2) Préfet de police ou Maire.

5

V. ARRÊTÉ MINISTÉRIEL concernant les livres et registres que les communes devront fournir aux Sociétés reconnues ou approuvées.

Du 15 avril 1853.

LE MINISTRE SECRÉTAIRE D'ÉTAT AU DÉPARTEMENT DE L'INTÉRIEUR, DE L'AGRICULTURE ET DU COMMERCE,

Sur le rapport du Conseiller d'État, directeur général de l'agriculture et du commerce ;

Vu les art. 8 de la loi du 15 juillet 1850, 7 du décret du 14 juin 1851, et 9 du décret du 26 mars 1852, sur les Sociétés de secours mutuels ;

Vu l'avis de la Commission supérieure d'encouragement et de surveillance des Sociétés de secours mutuels,

ARRÊTE :

ART. 1er. — Les communes, ou à leur défaut les départements, sont tenus de fournir gratuitement aux Sociétés de secours mutuels reconnues comme établissements d'utilité publique et aux Sociétés de secours mutuels approuvées, les livres et registres suivants (1), savoir : 1° un registre matricule, conforme au modèle A ci-annexé ; — 2° un journal pour le trésorier, conforme au modèle B ci-annexé ; — 3° un registre blanc, conforme au modèle C ci-annexé ; — 4° livrets à l'usage des Sociétaires, con-

(1) Nous avons déjà vu, dans l'arrêté ministériel du 5 janvier 1853, que les communes doivent également fournir les feuilles à souche pour la délivrance des diplômes et le registre servant à leur inscription.

formes au modèle D ci-annexé; — 5° feuilles de visite, conformes au modèle E ci-annexé (1).

ART. 2. — Le Conseiller d'État, directeur général de l'agriculture et du commerce, est chargé de l'exécution du présent décret.

(1) Dans sa circulaire aux Préfets, du 20 avril 1853, le Ministre de l'intérieur précise ainsi qu'il suit l'usage de ces registres et imprimés : « 1° registre matricule, divisé en colonnes, pour les associés participants, renfermant à la fin quelques pages blanches pour recevoir les noms des membres honoraires; — 2° un livret de la dimension que devra avoir le diplôme, afin que livret et diplôme puissent être réunis et cartonnés ensemble; — 3° un journal pour le trésorier, sur lequel seront inscrites toutes les dépenses et toutes les recettes de la Société, sans exception et à leurs dates respectives; — 4° une feuille de visite, contenant tous les éléments nécessaires pour déterminer ce qui sera dû au malade, et pour assurer une surveillance exacte du service des maladies; — 5° un registre blanc, pour y consigner les procès-verbaux et les délibérations du bureau et des assemblées générales et les comptes rendus financiers. »

DÉPARTEMENT	MODÈLE A (1re *page*).	COMMUNE
d		d

SOCIÉTÉ DE SECOURS MUTUELS d

REGISTRE MATRICULE.

NOTA. — La colonne laissée en blanc (2) devra servir à inscrire le (ou) les n°s de rencontre avec les articles du Grand-Livre ou de tous autres livres auxiliaires, si la nécessité de ceux-ci se fait sentir.

Les colonnes laissées en blanc (6 et 7) serviront souvent à inscrire la date du mariage et l'âge du conjoint. Ces deux éléments sont utiles dans certaines Sociétés où la réversibilité des droits du mari sur la veuve dépend de l'époque du mariage et de l'âge de la femme.

La colonne blanche (10) pourra être remplie par l'indication de l'âge des sociétaires au moment de la mort ou de la sortie.

Dans la colonne d'observations, on pourra inscrire les fonctions auxquelles le sociétaire aura été appelé, la nature et la durée de la maladie qui a précédé la mort, etc.

Suite du **MODÈLE A**

NUMERO matricule. (1)	(2)	NOMS, PRÉNOMS, PROFESSION, SEXE ET LIEU DE NAISSANCE des sociétaires. (3)	DOMICILE. (4)	DATE de la naissance (5)	(6)	(7)
1						
2						
3						
4						
5						
6						
7						
8						

(pages 2 et suivantes).

DATE de l'admission dans la Société. (8)	AGE à l'époque de l'admission à tous secours. (9)	(10)	DATE du décès. (11)	DATE de la radiation ou exclusion. (12)	OBSERVATIONS. (13)

5.

DÉPARTEMENT
d
—
COMMUNE
d

MODÈLE B.

SOCIÉTÉ DE SECOURS MUTUELS
d

JOURNAL DU TRÉSORIER.

N°⁵ des articles.		DATES.	OPÉRATIONS.	SOMMES REÇUES.	SOMMES PAYÉES.

DÉPARTEMENT
d
—
COMMUNE
d

MODÈLE C.

SOCIÉTÉ DE SECOURS MUTUELS
d

REGISTRE DES PROCÈS-VERBAUX
et
DES DÉLIBÉRATIONS DU BUREAU ET DES ASSEMBLÉES GÉNÉRALES.

NOTA. — Le modèle ne consiste que dans ce titre, placé sur la 1ʳᵉ page; les autres feuilles sont en papier blanc.

DÉPARTEMENT
d

COMMUNE
d

MODÈLE D (1re *page*).

SOCIÉTÉ DE SECOURS MUTUELS

d

LIVRET DE SOCIÉTAIRE.

No

NOM ET PRÉNOMS DU TITULAIRE :

M.

immatriculé sous le n°

(Pages 2 et suivantes.)

DATES.	DÉSIGNATION DES VERSEMENTS FAITS PAR LE TITULAIRE et des secours accordés.	SOMMES.	

NOTA — La plupart des livrets ont des colonnes spéciales pour inscrire séparément les diverses natures de recettes et de dépenses ; le modèle ci-dessus ne spécifie rien, afin de laisser à chaque Société la faculté de faire toutes les colonnes qu'elle juge nécessaire.

DÉPARTEMENT

d

COMMUNE   d

d

MODÈLE E.

SOCIÉTÉ DE SECOURS MUTUELS

FEUILLE DE VISITE

ANNÉE 187 .

MOIS

d

Délivrée le   187 , à M.   , membre participant,
demeurant rue   , immatriculé sous le n°

M.   , Médecin. | M.   , Visiteur.

VISITES DU MÉDECIN (1)		VISITES DU VISITEUR (2)		OBSERVATIONS.
Dates.	Signatures.	Dates.	Signatures.	

(1) (2) Plusieurs Sociétés ne mettent qu'une colonne pour les visites du médecin et celles des visiteurs, afin que les dates et les signatures soient inscrites à la suite les unes des autres et qu'elles se contrôlent ainsi réciproquement.

DÉCOMPTE

		NOMBRE de journées	QUOTITÉ de la journée	MONTANT
Je, soussigné, certifie que le malade pourra reprendre ses travaux le				
	Du au			
	Du au			
	Du au			
Le 187 .	Du au			
Le Médecin,				
	TOTAL.......			

A déduire pour :
1° Mandat d'à-compte du ..
2°   —   du ..
3°   —   du ..
4°   —   du ..
5°   —   du ..
6°   —   du ..
7°   —   du ..

Nombre de visites émargées par le médecin.

Total des à-comptes.......

Reste à payer.......

Certifié le compte définitif à la somme de
      pour   journées de maladie, à
l'une.

      Le   187 .

Pour le Président :
Le Membre du bureau délégué,

VI. DÉCRET IMPÉRIAL relatif à la dotation de dix
millions affectée par les décrets des 22 Janvier et
27 mars 1852 aux Sociétés de secours mutuels.

Du 28 novembre 1858.

NAPOLÉON, par la grâce de Dieu et la volonté
nationale, EMPEREUR DES FRANÇAIS, à tous présents
et à venir, SALUT;

Vu les décrets des **22** janvier (1) et **27** mars
1852 (2) portant allocation d'une somme de dix millions aux Sociétés de secours mutuels;

(1) *Décret qui restitue au domaine de l'État les biens meubles et
immeubles qui sont l'objet de la donation faite, le 7 août 1830,
par le roi Louis-Philippe.*

Du 22 Janvier 1852.

LE PRÉSIDENT DE LA RÉPUBLIQUE, — Considérant, etc., etc.

Décrète :

ART. 1er. — Les biens meubles et immeubles qui sont l'objet de
la donation faite, le 7 août 1830, par le roi Louis-Philippe, sont
restitués au domaine de l'État.

. . . .

ART. 5. — Dix millions sont alloués aux Sociétés de secours mutuels autorisées par la loi du 15 juillet 1850.

. . . .

(2) *Décret qui autorise la vente de bois de l'État jusqu'à concurrence de trente-cinq millions, qui seront affectés aux dotations allouées par les art. 5, 6, 7 et 8 du décret du 22 janvier 1852.*

Du 27 mars 1852.

LOUIS-NAPOLÉON, Président de la République française, —
Vu, etc.,...

Décrète :

ART. 1er. — Le Ministre des finances est autorisé à aliéner, jusqu'à concurrence de trente-cinq millions, des bois de l'État à pren-

Vu le décret organique du 26 mars 1852, relatif auxdites Sociétés ;

Vu l'avis motivé de la Commission de surveillance près la Caisse des dépôts et consignations, en date du **27** juillet 1853 ;

Sur le rapport de notre Ministre secrétaire d'État au département de l'intérieur,

Nous avons décrété et décrétons ce qui suit :

ART. 1er. — La dotation de dix millions affectée par les décrets des **22** janvier et **27** mars 1852 aux Sociétés de secours mutuels sera déposée par le trésor à un compte-courant ouvert à la caisse des dépôts et consignations (1).

ART. 2. — La caisse des dépôts et consignations recevra du trésor, et bonifiera sur les fonds composant l'actif de ce compte, un intérêt égal à l'intérêt alloué pour les fonds provenant des Caisses d'épargne.

Cet intérêt sera alloué à partir du 1er juillet 1853.

ART. 3. — Les subventions prélevées sur les intérêts seront accordées par le Ministre de l'intérieur, sur l'avis de la Commission supérieure instituée par le décret du 26 mars 1852, aux Sociétés de secours mutuels approuvées ou reconnues comme établisse-

---

dre parmi ceux qui sont portés sur le tableau annexé à la loi du 7 août 1850.

ART. 2. — Les trente-cinq millions provenant de cette vente seront affectés aux dotations allouées par les art. 5, 6, 7 et 8 du décret du **22** janvier 1852.

. . . .

(1) Le capital de la dotation est maintenant converti en rentes sur l'État, en exécution du décret du 24 mars 1860. (Voir ci-après, page **77**.)

ments d'utilité publique (1). Elles seront.délivrées, d'après les autorisations du Ministre de l'intérieur, entre les mains du trésorier de chaque Société, dûment accrédité par le président.

ART. 4. — Toute subvention prélevée sur le capital devra être autorisée par décret rendu sur le rapport de notre Ministre secrétaire d'État au département de l'intérieur, et sur l'avis de la Commission supérieure.

ART. 5. — La Caisse des dépôts et consignations adressera, chaque année, au Ministre de l'intérieur, le compte du fonds de dotation des Sociétés de secours mutuels, pour être annexé, après vérification, au rapport annuel que la Commission supérieure doit présenter à l'Empereur, conformément au décret du 26 mars 1852.

Ce compte annuel fera connaître, en outre, le mouvement des fonds libres des Sociétés de secours mutuels, versés à la Caisse des dépôts et consignations en conformité de l'art. 13 du décret du 26 mars précité.

ART. 6. — Nos Ministres secrétaires d'État aux départements de l'intérieur et des finances, sont chargés, chacun en ce qui le concerne, de l'exécution du présent décret.

---

(1) La presque totalité des intérêts de la dotation est maintenant affectée à l'accroissement du fonds de retraite créé, pour les Sociétés *approuvées*, par le décret du 26 avril 1856. Il ne faut donc pas que les Sociétés comptent trop sur les subventions de l'État pour leur venir en aide en dehors de ce qui concerne les retraites, et que, dans cette persuasion, elles se livrent à des dépenses que leurs propres ressources ne pourraient pas couvrir. Une Société bien organisée et bien administrée doit vivre et prospérer sans le secours de l'État.

VII. DÉCRET IMPÉRIAL concernant la constitution d'un fonds de retraite au profit des Sociétés de secours mutuels approuvées.

—

Du 26 avril 1856.

—

NAPOLÉON, par la grâce de Dieu et la volonté nationale, EMPEREUR DES FRANÇAIS, à tous présents et à venir, SALUT ;

Sur le rapport de notre Ministre secrétaire d'État au département de l'intérieur, et sur la proposition de la Commission supérieure des Sociétés de secours mutuels ;

Vu l'art. 6 du décret du 26 mars 1852 sur les Sociétés de secours mutuels ;

Vu le décret du 28 novembre 1853, sur le fonds de dotation de ces Sociétés,

Avons décrété et décrétons ce qui suit :

TITRE Ier.

De la formation du fonds de retraite.

ART. 1er. — Une somme de 200,000 fr., imputable sur les intérêts disponibles de la dotation des Sociétés de secours mutuels, est affectée à la constitution d'un fonds de retraite, au profit des associations de secours mutuels *approuvées*, qui prendront, en assemblée générale, l'engagement de consacrer

6

à ce fonds de retraite une portion de leur capital de réserve (1).

ART. 2. — Les sommes accordées sur les intérêts de la dotation, les sommes votées par les Sociétés en vertu de l'article précédent (2), et le montant

(1) Le Gouvernement accorde toujours une subvention aux Sociétés *approuvées* qui consacrent une partie de leur avoir à l'établissement d'un fonds de retraite. « Parmi les ressources qui me paraîtraient devoir être plus particulièrement consacrées par les Sociétés à la formation de ce fonds, — dit M. le Ministre de l'intérieur, dans sa circulaire du 24 mai 1856, — je vous signalerai, Monsieur le Préfet, le produit des souscriptions des membres honoraires. Aucun emploi ne serait plus conforme à la destination naturelle de ces souscriptions, telle que l'a définie la Commission supérieure dans son dernier rapport à l'Empereur... (Année 1854.) C'est donc aux souscriptions des membres honoraires qu'il y a lieu de demander, conformément à l'art. 6 du décret organique de 1852, les ressources nécessaires pour constituer le fonds de retraite. Mais il ne s'ensuit pas que cette portion si importante du patrimoine des Sociétés doive toujours et intégralement recevoir cette affectation. Beaucoup d'associations sont encore éloignées du moment où les cotisations des membres participants suffiront pour assurer les secours aux malades, premier et principal objet de l'institution. Avant de déterminer la part des souscriptions des membres honoraires qui devra être attribuée au fonds de retraite, ces associations auront donc à tenir compte de toutes les éventualités de dépenses que l'accroissement accidentel du nombre des journées de maladie peut leur imposer. »

(2) Voici le modèle de la délibération à prendre par une Société qui veut se créer un fonds de retraite :

La Société, appréciant les avantages offerts par le décret du 26 avril 1856, décide qu'un fonds de retraite sera immédiatement créé à la Caisse des dépôts et consignations, conformément à l'art. 2 du décret.

A cet effet, et pour avoir une part dans les répartitions spéciales qui seront faites par l'État, la Société s'engage à faire chaque année un prélèvement sur sa réserve.

Considérant que le nombre de ses membres honoraires est de   , que celui de ses membres participants est de   , et que son capital de réserve s'élève actuellement à   , elle décide qu'une somme de   .

des legs et donations faits en vue d'accroître le
fonds de retraite, seront versés à la Caisse des dépôts et consignations, où ils produiront intérêt,
conformément a l'art. 13 du décret organique du
26 mars 1852 (1).

Les intérêts que le service des pensions n'aura
pas absorbés seront capitalisés chaque année.

Art. 3. — En cas de dissolution d'une société,
le Ministre de l'intérieur déterminera l'emploi de
son fonds de retraite, sur la proposition de la Commission supérieure. Ce fonds pourra être affecté à
la création de pensions, au profit des anciens Sociétaires.

S'il ne reçoit pas cette destination, il sera attribué aux autres Sociétés *approuvées* de la même commune possédant déjà un fonds de retraite, ou, à
défaut, à une ou plusieurs Sociétés du même département.

Art. 4. — La portion du fonds de retraite fournie
par les Sociétés pourra être placée à la Caisse géné-

*prélevée sur cette réserve, sera, après autorisation de M. le Préfet,
versée entre les mains du préposé de la Caisse des dépôts et consignations, pour être affectée à la création de ce fonds de retraite.*

Délibéré, en assemblée générale, le

Pour obtenir une subvention, les Sociétés qui possèdent déjà
un fonds de retraite doivent également voter, chaque année, pour
l'accroissement de ce fonds, une somme proportionnée à leurs ressources. Elles reçoivent d'ailleurs, à cet égard, tous les ans, un
avis spécial de l'administration supérieure.

(1) Avant de verser les sommes par elles votées, soit pour la
création du fonds de retraite, soit pour son accroissement, les Sociétés sont toujours obligées d'attendre que leurs délibérations aient
été approuvées par le Préfet. L'unique but de cette formalité est
d'empêcher les Sociétés de compromettre le service des malades en
consacrant au fonds de retraite des sommes trop élevées.

rale des retraites, soit à capital aliéné, soit à capital réservé.

La portion du même fonds accordé par l'État demeure inaliénable.

Le capital des pensions rendu libre par le décès des pensionnaires, fera retour au fonds de retraite de la Société (1).

(1) Pour assurer des pensions à leurs membres, en exécution du présent décret, les Sociétés ont à choisir entre les trois modes suivants :

1° Verser leurs fonds à la Caisse des dépôts et consignations, sans prendre de livrets à la Caisse des retraites. Dans ce cas, les fonds ainsi déposés produisent intérêt jusqu'à ce que des pensions soient accordées ; les capitaux employés au service de ces pensions ne sont versés à la Caisse des retraites, par la Caisse des consignations, qu'au moment de l'entrée en jouissance, et ils font retour au fonds de retraite de la Société après le décès des pensionnaires.

2° Placer immédiatement à la Caisse des retraites, au nom des membres désignés par la Société, la somme nécessaire pour constituer une pension à chacun d'eux, en *réservant le capital* à l'association. Dans ce cas, les sommes versées font retour au fonds de retraite après le décès des pensionnaires, mais les intérêts produits du jour du versement au jour du décès, sont perdus pour la Société.

3° Faire le même placement, en *aliénant le capital*. Dans ce cas, les sommes versées par la Société sont *entièrement perdues pour elle*, à dater du jour du versement ; le chiffre de la pension des Sociétaires désignés est seulement plus élevé que lorsque le capital est réservé.

Le premier mode est celui que l'on adopte le plus ordinairement, et c'est celui qui nous paraît devoir être préféré. Le second présente quelques inconvénients que nous n'avons pas besoin de signaler, et le troisième ne doit être employé que très exceptionnellement.

Voici quelle est à ce sujet l'opinion du Gouvernement :

« L'art. 4 du décret laisse aux Sociétés la faculté d'*aliéner* ou de *réserver* la portion du fonds de retraite qu'elles auront fournie ; mais il n'est pas indifférent qu'elles adoptent l'un ou l'autre mode de placement. — En stipulant que la portion du fonds de retraite accordée par l'État demeurerait inaliénable, le Gouvernement a suffisamment indiqué aux Sociétés la voie dans laquelle il désirait les voir entrer. Il serait profondément regrettable que la génération présente absorbât à son profit exclusif les ressources de l'avenir

TITRE II.

De la liquidation et du paiement des pensions.

ART. 5. — Les pensions sont servies par la Caisse générale de retraites pour la vieillesse.

ART. 6. — Les Sociétés désigneront, en assemblée générale, les candidats aux pensions de retraite parmi les membres participants âgés de plus de cinquante ans, et qui auront acquitté la cotisation sociale pendant dix ans au moins (1).

La même délibération fixera la quotité des pensions (2).

ART. 7. — Les propositions formulées en vertu de l'art. 6 seront transmises au Ministre de l'intérieur, par l'intermédiaire du Préfet, pour être examinées par la Commission supérieure et approuvées ultérieurement, s'il y a lieu.

ART. 8. — Les pensions ne peuvent être inférieures à 30 fr., ni excéder, dans aucun cas, le décuple

par l'aliénation de tout le fonds disponible. L'intérêt collectif et permanent de l'institution doit l'emporter sur le désir d'accroître, au moyen de l'abandon du capital, le chiffre des pensions. Ce ne serait donc que dans des cas exceptionnels qu'une Société devrait consentir à l'aliénation des fonds provenant de ses économies, en vue d'accorder une pension plus considérable à quelque sociétaire digne d'une assistance toute spéciale. » (Circulaire de M. le Ministre de l'intérieur du 24 mai 1850.)

(1) Ce n'est là qu'un minimum ; les Sociétés peuvent très-bien exiger 60 ou 65 ans d'âge, et 15, 20 et même 25 années de paiement de la cotisation. Il est bien entendu que, pour pouvoir obtenir la pension, il faut réunir les deux conditions d'âge et de sociétariat.

(2) En se conformant à l'art. 8 ci-après.

6*

de la cotisation annuelle fixée par les statuts de la Société à laquelle le titulaire appartient (1).

ART. 9. — Le Ministre de l'intérieur et le Ministre de l'agriculture, du commerce et des travaux publics sont chargés, chacun en ce qui le concerne, de l'exécution du présent décret.

***

VIII. DÉCRET IMPÉRIAL relatif aux médailles d'honneur accordées à des membres des Sociétés de secours mutuels.

Du 27 mars 1858.

NAPOLÉON, par la grâce de Dieu et la volonté nationale, EMPEREUR DES FRANÇAIS, à tous présents et à venir, SALUT;

Sur le rapport de notre Ministre secrétaire d'État au département de l'intérieur et de la sûreté générale;

Vu l'art. 19 du décret organique du 26 mars 1852,

Avons décrété et décrétons ce qui suit :

ART. 1er. — Les personnes auxquelles nous au-

(1) Ainsi une Société dont les membres participants paient une cotisation mensuelle de 1 fr., soit 12 fr. par an, ne peut accorder aucune pension de retraite qui excède 120 fr. — Nous n'avons pas besoin de dire que les Sociétés sont libres de fixer, dans leurs statuts, un maximum moins élevé que le décuple de la cotisation annuelle, mais elles ne peuvent jamais descendre au-dessous de 30 fr., minimum fixé par l'art. 8.

rons accordé des médailles d'honneur, en leur qualité de membres d'une Société de secours mutuels, pourront porter ces médailles, suspendues à un ruban noir liséré de bleu, dans l'intérieur des édifices où leur Société se réunira en vertu de convocations régulières (1).

ART. 2. — Il est interdit de porter ces médailles en tout autre lieu et hors le temps des réunions, comme aussi de porter le ruban seul.

ART. 3. — Notre Ministre secrétaire d'État au département de l'intérieur et de la sûreté générale, est chargé de l'exécution du présent décret, qui sera inséré au *Bulletin des Lois*.

IX. ARRÊTÉ MINISTÉRIEL déterminant la forme des médailles d'honneur accordées aux membres des Sociétés de secours mutuels.

Du 24 juin 1858.

LE MINISTRE DE L'INTÉRIEUR,

Vu l'art. 19 du décret du 26 mars 1852 sur les Sociétés de secours mutuels;

Vu le décret du 27 mars 1858, relatif au port

---

(1) La rédaction du *Bulletin des Sociétés de secours mutuels* (Année 1850, page 11), pense « que partout où la Société est réunie, en corps ou en députation, pour un service autorisé par le règlement ou par convocation régulière, le port de la médaille est licite. » Nous partageons entièrement cette opinion. C'est là évidemment l'esprit de l'art. 1er, comme de l'art. 2 du présent décret.

des médailles d'honneur accordées aux membres de ces Sociétés;

Sur le rapport du Secrétaire général,

ARRÊTE :

ART. 1er. — La médaille d'honneur accordée pour services rendus à l'institution des Sociétés de secours mutuels approuvées est du module de vingt-sept millimètres. La face porte l'effigie de l'Empereur, avec les mots : *Napoléon III, Empereur*, en exergue. Au revers sont inscrits les nom et prénoms du membre à qui la médaille a été décernée, le nom de la commune siège de la Société, et le millésime, entourés d'une couronne d'olivier, au nœud de laquelle se trouve une ruche, symbole du travail et de la prévoyance, avec ces mots : *Sociétés de secours mutuels, médaille d'honneur*, en exergue.

La bélière se compose d'une couronne d'olivier, de forme ovale, et d'un anneau.

La médaille est suspendue à un ruban moiré, fond noir, de trente millimètres de large, portant deux lisérés bleus de quatre millimètres, et bordé de filets noirs d'un millimètre.

Le tout conformément au dessin-type de la médaille et du ruban ci-annexé.

ART. 2. — Le Secrétaire général est chargé de l'exécution du présent arrêté.

X. DÉCRET IMPÉRIAL portant qu'il sera fait emploi en achats de rentes perpétuelles sur l'État de la somme de dix millions affectée, par les décrets des 22 janvier et 27 mars 1852, à l'encouragement des Sociétés de secours mutuels.

Du 24 mars 1860.

NAPOLÉON, par la grâce de Dieu et la volonté nationale, Empereur des Français, à tous présents et à venir, salut ;

Sur le rapport de notre Ministre secrétaire d'État au département de l'intérieur, et d'après l'avis de la Commission supérieure d'encouragement ;

Vu les décrets des 22 janvier et 27 mars 1852, portant allocation d'une somme de dix millions aux Sociétés de secours mutuels ;

Vu les art. 1 et 2 du décret du 28 novembre 1853, ordonnant que cette somme sera portée par le trésor à un compte courant ouvert à la Caisse des dépôts et consignations, et qu'elle produira un intérêt égal à l'intérêt alloué pour les fonds provenant des Caisses d'épargne ;

Considérant qu'il y a un plus grand avantage pour lesdites Sociétés à convertir le capital de cette dotation en rentes perpétuelles sur l'État, immatriculées à leur nom, et dont les arrérages seront portés à leur crédit comme le sont présentement les intérêts perçus pour leur compte par la Caisse des dépôts et consignations ;

Avons décrété et décrétons ce qui suit :

ART. 1er. — Il sera fait emploi en achats de rentes perpétuelles sur l'État, au nom des Sociétés de secours mutuels, de la somme de dix millions spécialement affectée à l'encouragement desdites Sociétés par les décrets précités.

Ces achats seront opérés à la bourse de Paris, par les soins de M. le Directeur général de la Caisse des dépôts et consignations, aux époques et dans les formes qui lui seront indiquées par notre Ministre des finances.

ART. 2. — Les arrérages des rentes provenant de cette consolidation seront perçus par la Caisse des dépôts et consignations, et portés par elle en recette au crédit du compte ouvert dans ses écritures aux Sociétés de secours mutuels.

ART. 3. — Nos Ministres secrétaires d'État aux départements de l'intérieur et des finances sont chargés de l'exécution du présent décret.

XI. DÉCRET IMPÉRIAL relatif à la durée des fonctions des Présidents des Sociétés de secours mutuels.

Du 18 Juin 1864.

NAPOLÉON, par la grâce de Dieu et la volonté nationale, EMPEREUR DES FRANÇAIS, à tous présents et à venir, SALUT;

Sur la proposition de notre Ministre de l'intérieur;

Sur les propositions de la Commission supérieure de surveillance et d'encouragement des Sociétés de secours mutuels;

Vu l'art. 3 du décret du 26 mars 1852,

Avons décrété et décrétons ce qui suit :

ART. 1er. — La durée des fonctions des Présidents des Sociétés de secours mutuels approuvées est fixée à cinq ans, à partir du jour de leur nomination (1).

ART. 2. — Notre Ministre de l'intérieur est chargé de l'exécution du présent décret.

(1) Le renouvellement des mandats des Présidents a lieu partiellement, en partant, pour chaque Président, de la date de sa nomination. Il n'y a point de renouvellement périodique de tout le personnel à la fois. — La même personne peut être indéfiniment maintenue dans la présidence, mais il faut, tous les cinq ans, un nouveau décret d'investiture.

CHAPITRE III.

LÉGISLATION COMMUNE AUX SOCIÉTÉS DE SECOURS MUTUELS ET A D'AUTRES INSTITUTIONS.

SECTION 1re. *Associations et réunions publiques* (1).

I. EXTRAIT DU CODE PÉNAL.

(Livre III, Titre I, Chapitre III.)

SECTION VII. Des associations ou réunions illicites.

ART. 291. — Nulle association de plus de vingt personnes, dont le but sera de se réunir tous les jours ou à certains jours marqués pour s'occuper d'objets religieux, littéraires, politiques ou autres, ne pourra se former qu'avec l'agrément du Gouvernement et sous les conditions qu'il plaira à l'autorité publique d'imposer à la Société (2).

Dans le nombre de personnes indiqué par le présent article, ne sont pas comprises celles domiciliées dans la maison où l'association se réunit.

(1) Cette section contient les lois de police auxquelles sont plus spécialement soumises les Sociétés de secours mutuels *privées*.

(2) Le Ministre ou le Préfet, en autorisant une Société de secours mutuels *privée*, peut, par conséquent, lui imposer toutes les conditions qu'il juge convenables.

Art. 292. — Toute association de la nature ci-dessus exprimée qui se sera formée sans autorisation, ou qui, après l'avoir obtenue, aura enfreint les conditions à elle imposée, sera dissoute (1). — Les chefs, directeurs ou administrateurs de l'association, seront en outre punis d'une amende de 16 fr. à 200 fr. (2).

Art. 294. — Tout individu qui, sans la permission de l'autorité municipale, aura accordé ou consenti l'usage de sa maison ou de son appartement, en tout ou en partie, pour la réunion des membres d'une association même autorisée, ou pour l'exercice d'un culte, sera puni d'une amende de 16 fr. à 200 fr.

II. LOI sur les Associations.

(Articles encore en vigueur.)

Du 10 avril 1834.

LOUIS-PHILIPPE, Roi des Français, à tous présents et à venir, salut;

Nous avons proposé, les Chambres ont adopté, nous avons ordonné et ordonnons ce qui suit :

Art. 1er. — Les dispositions de l'art. 291 du Code

---

(1) Nous avons déjà vu, page 33, note 1, que la dissolution des Sociétés *privées* est prononcée par le Préfet ou le Ministre, et que le Conseil d'État n'est pas consulté.

(2) Ces peines sont aggravées par l'art. 2 de la loi du 10 avril 1834 (voir ci-après, page 82), qui atteint non-seulement les chefs, mais encore tous les membres de la Société non autorisée.

pénal sont applicables aux associations de plus de
vingt personnes, alors même que ces associations seraient partagées en sections d'un nombre moindre,
et qu'elles ne se réuniraient pas tous les jours ou à
des jours marqués.

L'autorisation donnée par le Gouvernement est
toujours révocable (1).

Art. 2. — Quiconque fait partie d'une association
non autorisée sera puni de deux mois à un an d'emprisonnement, et de 50 fr. à 1,000 fr. d'amende (2).

En cas de récidive, les peines pourront être portées au double.

Le condamné pourra, dans ce dernier cas, être
placé sous la surveillance de la haute police pendant
un temps qui n'excédera pas le double du maximum
de la peine.

L'art. 463 du Code pénal pourra être appliqué
dans tous les cas (3).

Art. 3. — Seront considérés comme complices
et punis comme tels, ceux qui auront prêté ou loué
sciemment leur maison ou appartement pour une ou
plusieurs réunions d'une association non autorisée.

(1) Les Sociétés de secours mutuels *privées* sont ainsi complète-
ment à la discrétion de l'autorité supérieure, qui peut les dissoudre
quand elle le juge à propos.

(2) L'art. 202 du Code pénal ne punissait que les chefs ou directeurs de l'association ; l'art. 2 de la loi s'applique à tous les membres. Ainsi, les membres *honoraires* d'une Société privée seraient
atteints comme les membres participants.

(3) C'est-à-dire que les tribunaux peuvent admettre des circonstances atténuantes et modérer les peines édictées par cette loi.

III. DÉCRET DE L'ASSEMBLÉE NATIONALE sur les clubs.

(Seul article en vigueur.)

Du 28 juillet 1848.

ART. 13. — Les Sociétés secrètes sont interdites. Ceux qui seront convaincus d'avoir fait partie d'une Société secrète seront punis d'une amende de 100 à 500 fr., d'un emprisonnement de six mois à deux ans, et de la privation des droits civiques d'un an à cinq ans.

Ces condamnations pourront être portées au double, contre les chefs ou fondateurs desdites Sociétés.

Ces peines seront prononcées sans préjudice de celles qui pourraient être encourues pour crimes ou délits prévus par les lois (1).

IV. DÉCRET qui abroge celui du 28 juillet 1848, à l'exception de l'art. 13, et déclare applicables aux réunions publiques le Code pénal et la loi du 10 avril 1831.

Du 25 mars 1852.

LOUIS-NAPOLÉON, Président de la République,

(1) Le dernier paragraphe de l'art. 12 de la loi du 15 juillet 1850, applique les dispositions de cet article au cas de contravention aux arrêtés de dissolution des Sociétés de secours mutuels. (Voir précédemment, page 33.)

Vu les art. 291 et suivants du Code pénal, qui prononcent les peines applicables à ceux qui font partie des associations ou réunions illicites;

Vu la loi du 10 avril 1834, sur les associations;

Vu le décret du 28 juillet 1848, sur les clubs;

Sur le rapport du Ministre de la police générale;

Considérant que le droit d'association et de réunion doit être réglementé de manière à empêcher le retour des désordres qui se sont produits sous le régime d'une législation insuffisante pour les prévenir;

Qu'il est du devoir du Gouvernement d'apprécier et de prendre les mesures nécessaires pour qu'il puisse exercer sur toutes les réunions publiques une surveillance qui est la sauvegarde de l'ordre et de la sûreté de l'État;

Considérant que la loi du 22 juin 1849, suspensive du décret du 28 juillet 1848, ayant déjà reconnu le danger des clubs, avait décidé qu'un projet de loi serait présenté à l'Assemblée pour interdire les clubs et régler l'exercice du droit de réunion,

DÉCRÈTE :

ART. 1er. — Le décret du 28 juillet 1848, sur les clubs, est abrogé, à l'exception toutefois de l'art. 13 de ce décret, qui interdit les Sociétés secrètes.

ART. 2. — Les art. 291, 292 et 294 du Code pénal, et les art. 1, 2 et 3 de la loi du 10 avril 1834, seront applicables aux réunions publiques, de quelque nature qu'elles soient.

ART. 3. — Le Ministre de la police générale est chargé de l'exécution du présent décret, qui sera inséré au *Bulletin des lois*.

SECTION 2. *Caisses d'épargne.*

I. LOI relative aux Caisses d'épargne.
(Dispositions maintenues.)

Du 22 juin 1845.

LOUIS-PHILIPPE, Roi des Français, à tous présents et à venir, SALUT ;

Nous avons proposé, les Chambres ont adopté,

Nous avons ordonné et ordonnons ce qui suit :

ART. 1er. — Les déposants aux Caisses d'épargne pourront verser de un franc à trois cents francs par semaine (1).

(1) Les Sociétés de secours mutuels *privées* ne peuvent donc pas verser plus de trois cents francs à la fois. Il n'en est pas de même pour celles qui sont *reconnues* ou *approuvées;* une décision ministérielle du 9 février 1857 (*Bulletin des Sociétés de secours mutuels,* année 1857, page 35), autorise ces deux catégories de Sociétés à déposer, en un seul versement, autant de fois trois cents francs qu'elles ont de membres participants.

Lors du premier versement, le trésorier doit, pour les Sociétés *reconnues* ou *approuvées,* produire : 1o un exemplaire des statuts ; 2o une copie certifiée du décret ou de l'arrêté qui prononce la reconnaissance ou l'approbation ; 3o la justification du nombre des Sociétaires ; 4o une copie de la délibération de la Société qui autorise le versement. — Pour les Sociétés *privées,* il n'a besoin de fournir qu'un exemplaire des statuts, indiquant l'autorisation donnée par le Préfet à la formation de la Société, et une copie de la délibération qui autorise le versement. — Quelques Caisses d'épargne exigent également de toutes les associations un état portant les nom, prénoms, profession, demeure et signature de tous les membres composant le Conseil d'administration ou le bureau.

Pour retirer tout ou partie des fonds en dépôt, le trésorier doit être porteur d'une autorisation indiquant la somme à retirer, signée de tous les membres du bureau.

7*

Art. 5. — Nul ne pourra avoir plus d'un livret dans la même caisse ou dans des caisses différentes, sous peine de perdre l'intérêt de la totalité des sommes déposées.

II. Loi sur les Caisses d'épargne.

Du 30 juin 1851.

L'Assemblée nationale a adopté la loi dont la teneur suit :

Art. 1er. — A partir de la promulgation de la présente loi, aucun versement ne sera reçu par les Caisses d'épargne, sur un compte dont le crédit aura atteint mille francs, soit par le capital, soit par l'accumulation des intérêts (1).

Art. 2. — Lorsque par suite du règlement annuel des intérêts, un compte excédera le maximum fixé par l'article précédent, si le déposant, pendant un délai de trois mois, n'a pas réduit son crédit au-dessous de cette limite, l'administration de la Caisse d'épargne achètera, pour son compte, dix francs de rente en cinq pour cent de la dette inscrite, lorsque le prix sera au-dessous du pair, et en trois pour cent si le cours de la rente cinq pour cent dépasse

---

(1) Nous avons vu, dans la loi du 15 juillet 1850 et le décret du 20 mars 1852, que les comptes des Sociétés *reconnues* ou *approuvées* peuvent s'élever à autant de fois mille francs qu'elles ont de membres participants. Les Sociétés *privées* ne jouissent pas du même avantage, mais elles profitent des dispositions de l'art. 4 ci-après.

cette limite. Cet achat aura lieu sans frais pour le déposant.

ART. 3. — Les remplaçants dans les armées de terre et de mer continueront à être admis à déposer, en un seul versement, le prix stipulé dans l'acte de remplacement, à quelque somme qu'il s'élève.

Les marins portés sur les contrôles de l'inscription maritime continueront pareillement à être admis à déposer, en un seul versement, le montant de leur solde, décomptes et salaires, au moment soit de leur embarquement, soit de leur débarquement, à quelque somme qu'il s'élève.

Les dispositions de l'art. 2 seront appliquées à ces divers dépôts pour les ramener au maximum fixé par l'art. 1er. Toutefois, les remplaçants n'y seront soumis qu'à l'expiration de leur engagement.

ART. 4. — Les Sociétés de secours mutuels, autres que celles déclarées établissements d'utilité publique, continueront à être admises à faire des versements; mais le crédit de leur compte ne pourra pas excéder huit mille francs en capital et intérêts (1).

Lorsque ce maximum aura été atteint, les dispositions de l'art. 2 leur seront appliquées, et les achats effectués par l'administration de la Caisse d'épargne, s'il y a lieu, seront de cent francs de rentes.

ART. 5. — Tout déposant dont le crédit sera de

(1) Les Sociétés *reconnues* et les Sociétés *approuvées* jouissent, nous l'avons déjà vu sous l'art. 1er, d'avantages bien autrement considérables. Les dispositions de notre art. 4 ne s'appliquent donc plus qu'aux Sociétés *privées;* mais elles constituent pour elles un privilège réel, qui n'est point accordé aux autres associations, de quelque nature qu'elles soient, ne présentant pas le caractère de la mutualité de secours.

somme suffisante pour acheter dix francs de rentes au moins pourra faire opérer cet achat sans frais, par les soins de l'administration de la Caisse d'épargne.

Art. 6. — Dans le cas où le déposant ne retirerait pas les titres de rentes achetés pour son compte, l'administration de la Caisse d'épargne en restera dépositaire et recevra les semestres d'intérêts au crédit du titulaire.

Art. 7. — A partir du 1er janvier 1852, l'intérêt bonifié par la Caisse des dépôts et consignations sera fixé à quatre et demi pour cent (1).

La retenue à faire sur cet intérêt par les Caisses d'épargne, pour leurs frais de loyer et d'administration, est obligatoire pour un quart pour cent, et facultative pour un autre quart pour cent.

Toutefois, pour la Caisse d'épargne de Paris, la retenue facultative sera de trois quarts pour cent, sans que la retenue totale puisse jamais excéder un pour cent (2).

Art. 8. — Un règlement d'administration publi-

(1) L'art. 1er de la loi du 7 mai 1853 a réduit cet intérêt à quatre pour cent. (Voir ci-après, page 90.)

(2) Ainsi les intérêts que retirent les déposants varient, suivant les caisses, de trois à trois trois quarts pour cent. Ils sont calculés à partir du septième jour après le versement, et capitalisés à la fin de l'année.

Le délai pour les remboursements à faire aux déposants, par les Caisses d'épargne, n'a pas été fixé par la loi, mais une instruction arrêtée par les deux Ministres des finances et du commerce, le 17 décembre 1852, a réglé ce délai comme suit : « Les Caisses d'épargne peuvent recevoir les demandes de remboursement tous les jours de la semaine; mais les bordereaux de ces demandes ne sont clos que le jour de la séance hebdomadaire du conseil d'administration, et les Caisses d'épargne ne sont tenues d'effectuer le remboursement que quinze jours après la clôture des bordereaux. »

que, présenté par les Ministres des finances et du commerce, déterminera le mode de surveillance de la gestion et de la comptabilité des Caisses d'épar-gne (1).

ART. 9. — Trois mois après la promulgation de la présente loi, les sommes antérieurement déposées, et qui excéderaient mille francs par livret, cesseront de produire intérêt jusqu'à ce qu'elles aient été ramenées au-dessous de ce maximum.

Les ayants-droit aux remboursements résultant du paragraphe précédent pourront, pour les sommes qui leur sont dues, faire usage de la faculté accordée par l'art. 5.

ART. 10. — Les dispositions de la loi du 22 juin 1845, contraires à la présente loi, sont abrogées.

III. LOI relative aux Caisses d'épargne.

Du 7 mai 1853.

NAPOLÉON, par la grâce de Dieu et la volonté nationale, EMPEREUR DES FRANÇAIS, à tous présents et à venir, SALUT ;

Avons sanctionné et sanctionnons, promulgué et promulguons ce qui suit :

ART. 1er. — A partir du 1er juillet 1853, l'intérêt

(1) Il a été satisfait à cette prescription par un décret du 15 avril 1852, qu'il est inutile de reproduire ici, ses dispositions n'ayant pour objet que de régler les détails de la gestion et de la compta-bilité des Caisses d'épargne.

bonifié aux Caisses d'épargne par la Caisse des dépôts et consignations est fixé à quatre pour cent (1).

ART. 2. — Les comptes qui, ayant continué de dépasser mille francs, se trouveront encore, en vertu de l'art. 9 de la loi du 30 juin 1851, improductifs d'intérêts au 1er janvier 1854, seront à cette époque soumis aux dispositions de l'art. 2 de la même loi. En conséquence, il sera opéré à cette date, pour chacun de ces comptes, un achat de rentes dont la quotité soit suffisante pour les faire rentrer dans les limites déterminées par la loi.

ART. 3. — Les certificats de propriété, destinés aux retraits des fonds versés dans les Caisses d'épargne, doivent être délivrés dans les formes et suivant les règles prescrites par la loi du 28 floréal an VII (2).

ART. 4. — Lorsqu'il s'est écoulé un délai de trente ans, à partir tant du dernier versement ou rembour-

(1) Il était auparavant de quatre et demi pour cent, conformément à l'art. 7 de la loi du 30 juin 1851.

(2) L'art. 6 de cette loi est ainsi conçu : « En cas de mutation de rentes sur l'État autrement que par la vente du titre, le nouvel extrait d'inscription est délivré à l'ayant-droit sur le simple rapport de l'ancien état d'inscription, et d'un certificat de propriété, contenant ses nom, prénoms et domicile, la qualité en laquelle il procède, l'indication de sa portion dans la rente, et l'époque de sa jouissance. — Le certificat, qui est rapporté après avoir été dûment légalisé, est délivré par le notaire, détenteur de la minute, lorsqu'il y a eu inventaire et partage par acte public, ou transmission gratuite à titre entre-vifs ou par testament. Il l'est par le Juge de paix du domicile du décédé, sur l'attestation de deux citoyens, lorsqu'il n'existe aucun desdits actes en forme authentique. Si la mutation s'est opérée par jugement, le greffier dépositaire de la minute délivre le certificat. — Quant aux successions ouvertes à l'étranger, les certificats délivrés par les magistrats autorisés par les lois du pays seront admis, lorsqu'ils seront rapportés dûment légalisés par l'agent de la République française. »

sement que de tout achat de rente et de toute autre
opération effectués à la demande des déposants, les
sommes que détiennent les Caisses d'épargne aux
comptes de ceux-ci sont placées en rentes sur l'État,
et les titres de ces rentes comme les titres de rentes
achetées, soit en vertu de la loi du **22 juin 1845**,
soit en vertu de la loi du 30 juin 1851, à la demande
des déposants ou d'office, sont remis à la Caisse des
dépôts et consignations pour le compte des déposants.

A partir du même moment, et jusqu'à la réclama-
tion des déposants, le service des arrérages de la
rente est suspendu.

Les reliquats des placements en rente ci-dessus
énoncés, et les sommes qui, à raison de leur insuffisance, n'auraient pu être converties en rentes sur
l'État, demeureront, à la même époque, acquis définitivement aux Caisses d'épargne.

A l'égard des versements faits sous la condition,
stipulée par le donateur, que le titulaire n'en pourra
disposer qu'après une époque déterminée, le délai
de trente ans ne court qu'à partir de cette époque.

A l'égard des sommes déposées pour le compte
des remplaçants dans les armées de terre et de mer,
le délai de trente ans ne court qu'à partir de l'expiration de leur engagement.

Dans tous les cas, les noms des déposants seront
publiés au *Moniteur* et dans la feuille d'annonces judiciaires de l'arrondissement où est située la Caisse
d'épargne dépositaire, six mois avant l'expiration du
délai de trente ans fixé ci-dessus.

Section 3. *Caisse des retraites* (1).

I. LOI qui crée, sous la garantie de l'État, une Caisse de retraites ou rentes viagères pour la vieillesse.

(Articles maintenus en totalité ou en partie.)

Du 18 juin 1850.

L'Assemblée nationale a adopté la loi dont la teneur suit :

Art. 1er. — Il est créé, sous la garantie de l'État, une Caisse de retraites ou rentes viagères pour la vieillesse.

Art. 2. — Le capital de ces retraites est formé par les versements volontaires des déposants effectués à la Caisse des dépôts et consignations (2).

Art. 3. — Le montant de la rente viagère à servir sera fixé conformément à des tarifs, tenant compte pour chaque versement :

(1) Le décret du 26 avril 1856 ne concernant pas les Sociétés *privées*, c'est uniquement à la législation que nous allons reproduire et commenter dans cette section qu'elles doivent demander les règles à suivre pour assurer des pensions de retraite à leurs vieillards.

Quant aux Sociétés *approuvées* ou *reconnues*, nous avons déjà dit que le décret de 1856 laisse subsister en entier la faculté qu'elles ont de s'adresser directement à la Caisse des retraites.

(2) Les versements peuvent être interrompus ou continués au gré des déposants, chaque versement donnant lieu à une liquidation distincte.

1° De l'intérêt composé du capital à raison de cinq pour cent par an (1);

2° Des chances de mortalité en raison de l'âge des déposants et de l'âge auquel commence la retraite, calculées d'après les tables dites de Déparcieux;

3° Du remboursement, au décès, du capital versé, si le déposant en a fait la demande au moment du versement (2).

ART. 4. — Les versements peuvent être faits au profit de toute personne âgée de plus de trois ans (3).

Les versements opérés par les mineurs âgés de moins de dix-huit ans devront être autorisés par leur père, mère ou tuteur.

Le versement opéré antérieurement au mariage reste propre à celui qui l'a fait.

Le versement fait pendant le mariage par l'un des deux conjoints profite séparément à chacun d'eux par moitié (4).

En cas de séparation de corps ou de biens, le versement postérieur profite séparément à l'époux qui l'a opéré.

En cas d'absence ou d'éloignement d'un des deux conjoints depuis plus d'une année, le juge de paix pourra, suivant les circonstances, accorder l'autori-

(1) L'intérêt a été réduit à quatre et demi pour cent par l'art. 2 de la loi du 12 juin 1861. (Voir ci-après, page 96.)

(2) Le déposant peut, à son choix, abandonner à la caisse les sommes par lui versées ou les réserver à ses héritiers.

(3) Qu'elle soit française ou étrangère. (Voir ci-après l'art. 3 de la loi du 12 juin 1861, page 96.)

(4) Le déposant ne pourrait pas priver son conjoint du bénéfice de cette disposition, même avec le consentement de celui-ci. Il ne pourrait pas non plus y renoncer pour lui-même.

8

sation de faire des versements au profit exclusif du déposant.

Sa décision pourra être frappée d'appel devant la Chambre du conseil.

ART. 5. — Il ne pourra être inscrit sur la même tête une rente viagère supérieure à six cents francs (1).

Ces rentes sont incessibles et insaisissables jusqu'à concurrence seulement de trois cent soixante francs (2).

Les arrérages sont payés par trimestre.

ART. 6. — L'entrée en jouissance de la pension sera fixée, au choix des déposants, de cinquante à soixante ans (3).

Dans le cas cependant de blessures graves ou d'infirmités prématurées, régulièrement constatées, entraînant incapacité absolue de travail, la pension pourra être liquidée même avant cinquante ans, et en proportion des versements faits avant cette époque.

ART. 9. — Il sera remis à chaque déposant un li-

(1) Ce paragraphe a été modifié par l'art. 4 de la loi du 12 juin 1861, qui a porté le maximum de la rente à mille francs, et par la loi du 4 mai 1864, qui l'a élevé à quinze cents francs. (Voir ci-après, pages 96 et 113.)

(2) Un membre d'une Société de secours mutuels de la Gironde, qui est titulaire d'une pension de retraite de 54 fr., ayant voulu renoncer à cette pension et demandé l'annulation du titre, M. le Ministre de l'intérieur a répondu que, d'après l'art. 5 de la loi du 18 juin 1850, les pensions de retraite étant *incessibles* et insaisissables, l'annulation du titre de rente et le retour au fonds de retraite de la Société du capital de cette rente ne pouvaient être autorisés.

(3) Modifié par l'art. 6 de la loi du 12 juin 1861, qui a porté la limite d'âge à soixante-cinq ans. (Voir ci-après, page 97.)

vret sur lequel seront inscrits les versements par lui effectués et les rentes viagères correspondantes.

ART. 11. — Les certificats, actes de notoriété et autres pièces exclusivement relatives à l'exécution de la présente loi, seront délivrés gratuitement et dispensés des droits de timbre et d'enregistrement (1).

ART. 12. — La Caisse des retraites sera gérée par l'administration de la Caisse des dépôts et consignations.

ART. 13. — Il sera formé, auprès du Ministre de l'agriculture et du commerce, une commission chargée de l'examen de toutes les questions relatives à la Caisse des retraites (2).

II. LOI relative à la Caisse des retraites pour la vieillesse.

Du 12 juin 1861.

NAPOLÉON, par la grâce de Dieu et la volonté nationale, EMPEREUR DES FRANÇAIS, à tous présents et à venir, SALUT ;

Avons sanctionné et sanctionnons, promulgué et promulguons ce qui suit :

---

(1) Ils sont, par conséquent, visés pour timbre et enregistrés gratis. (Voir ce que nous avons déjà dit, à ce sujet, page 16, note 2, paragraphe 1er.)

(2) Le reste de cet article est remplacé par l'art. 15 de la loi du 12 juin 1861. (Voir ci-après, page 100.)

ART. 1er. — Les versements à la Caisse des retraites ou rentes viagères pour la vieillesse, instituée par la loi du 18 juin 1850, doivent être de cinq francs au moins et sans fraction de franc.

ART. 2. — L'intérêt composé du capital, dont il est tenu compte dans les tarifs d'après lesquels est fixé le montant de la rente viagère à servir, en conformité de l'art. 3 de la susdite loi, est calculé à quatre et demi pour cent (1).

ART. 3. — Les étrangers seront admis à faire des versements à la Caisse des retraites pour la vieillesse, aux mêmes conditions que les nationaux (2).

ART. 4. — Le maximum de la rente viagère que la Caisse des retraites est autorisée à faire inscrire sur la même tête est fixé à 1,000 francs (3).

ART. 5. — Les sommes versées dans une année, au compte de la même personne, ne peuvent excéder 3,000 francs (4).

Les versements effectués, soit en vertu de décisions judiciaires, soit par les administrations publiques, par les Sociétés de secours mutuels (5) ou

(1) Il avait été primitivement fixé à cinq pour cent.

(2) Auparavant les étrangers ne pouvaient faire de versements que lorsqu'ils avaient été admis à jouir des droits civils, conformément à l'art. 13 du Code Napoléon.

(3) Porté à 1,500 fr. par la loi du 4 mai 1864. (Voir ci-après, page 113.)

(4) Maintenant 4,000 fr. (Loi du 4 mai 1864, page 113.)

(5) Les Sociétés de secours mutuels des trois catégories sont appelées à intervenir auprès de la Caisse des retraites, dans l'intérêt de leurs membres participants, de deux manières différentes : 1° comme *intermédiaires*, c'est-à-dire en transmettant officieusement à la Caisse, par les soins du conseil d'administration ou du bureau,

par les sociétés anonymes au profit de leurs employés, agents et ouvriers, ne sont pas soumis à cette limite.

ART. 6. — L'entrée en jouissance de la pension est fixée, au choix du déposant, à partir de chaque année d'âge accomplie de cinquante à soixante-cinq ans.

Les tarifs sont calculés jusqu'à ce dernier âge.

Les rentes viagères au profit des personnes âgées de plus de soixante-cinq ans sont liquidées suivant les tarifs déterminés pour cet âge.

ART. 7. — Le déposant qui a stipulé le remboursement à son décès du capital versé peut, à toute époque, faire abandon de tout ou partie de ce capital, à l'effet d'obtenir une augmentation de rente, sans qu'en aucun cas le montant total puisse excéder mille francs (1).

---

les sommes que les sociétaires veulent verser *personnellement* pour se constituer une pension de retraite ; — 2o comme *donatrices*, c'est-à-dire, en effectuant, avec les fonds de la Société, des versements au profit des membres désignés par elle en assemblée générale.

Le privilége accordé aux associations mutuelles par le deuxième paragraphe de notre article 5 ne concerne que les Sociétés *donatrices*: ce n'est qu'en cette qualité qu'elles ont le droit de verser, sur la tête de la même personne, en une seule fois ou dans le courant d'une même année, tout le capital nécessaire pour constituer une retraite dont le chiffre peut s'élever jusqu'à 1,500 fr. Lorsqu'elles n'agissent que comme *intermédiaires*, elles sont soumises aux dispositions du paragraphe premier de notre article, et ne peuvent verser, dans l'année, que 4,000 fr. au plus pour chaque individu.

Comme tous les autres donateurs, les Sociétés de secours mutuels, agissant en qualité de *donatrices*, peuvent également opérer des versements sur la tête de leurs membres mariés, sans y faire participer les conjoints de ces sociétaires.

(1) *Quinze cents francs*, d'après la loi du 4 mai 1864. (Voir ci-après, page 115.)

8*

Le donateur qui a stipulé le retour du capital, soit à son profit, soit au profit des ayants-droit du donataire, peut également, à toute époque, faire l'abandon du capital, soit pour augmenter la rente du donataire, soit pour se constituer à lui-même une rente, si la réserve avait été stipulée à son profit.

Art. 8. — L'ayant-droit à une rente viagère, qui a fixé son entrée en jouissance à un âge inférieur à soixante-cinq ans, peut, dans le trimestre qui précède l'ouverture de la rente, reporter sa jouissance à une autre année d'âge accomplie (1), sans que, en aucun cas, la rente, augmentée d'après les tarifs en vigueur, puisse excéder mille francs (2), ni qu'il y ait lieu au remboursement d'une partie du capital déposé.

Art. 9. — Au décès du titulaire de la rente, avant ou après l'époque d'entrée en jouissance, le capital déposé est remboursé sans intérêt aux ayants-droit, si la réserve a été faite au moment du dépôt, ou s'il n'a pas été fait usage de la faculté accordée par l'art. 7 qui précède.

Les certificats de propriété destinés aux retraits de fonds versés dans la Caisse des retraites de la vieillesse doivent être délivrés dans les formes et suivant les règles prescrites par la loi du 28 floréal an VII (3).

(1) Cette faculté donne le moyen d'obtenir une pension plus élevée.

(2) *Quinze cents francs.* (Loi du 4 mai 1864, ci-après page 113.)

(3) Nous avons déjà reproduit l'art. 6 de cette loi à l'occasion des caisses d'épargne. (Voir page 90, note 2.) Les certificats relatifs à la caisse des retraites doivent de plus, aux termes de l'art. 11 de la loi du 18 juin 1850, être délivrés gratuitement et sur papier non timbré ou visé pour timbre gratis.

ART. 10. — Le capital réservé reste acquis à la Caisse des retraites, en cas de déshérence ou par l'effet de la prescription, s'il n'a pas été réclamé dans les trente années qui auront suivi le décès du titulaire de la rente.

ART. 11. — Est remboursée sans intérêt, par la Caisse, toute somme versée irrégulièrement par suite de fausse déclaration sur les noms, qualités civiles et âges des déposants, ou par défaut d'autorisation.

Sont également remboursées, sans intérêt, les sommes qui, lors de la liquidation définitive, seraient insuffisantes pour produire une rente viagère de cinq francs, ou qui dépasseraient, soit la somme de trois mille francs (1) par année, soit le capital nécessaire pour constituer une rente de mille francs (2).

ART. 12. — Toutes les recettes disponibles, provenant, soit des versements des déposants, soit des intérêts perçus par la Caisse, sont successivement, et dans les huit jours au plus tard, employées en achat de rentes sur l'État.

Ces rentes sont inscrites au nom de la Caisse des retraites.

ART. 13. — Tous les trois mois, la Caisse des dépôts et consignations fait inscrire sur le grand-livre de la dette publique les rentes viagères liquidées pendant le trimestre au nom des ayants-droit. Elle fait transférer, aux mêmes époques, au nom de la Caisse d'amortissement, par un prélèvement sur le compte de la Caisse des retraites, la quotité de rentes

(1) *Quatre mille francs*. (Loi du 4 mai 1864, ci-après page 113.)
(2) *Quinze cents francs*. (Même loi.)

sur l'État nécessaire pour produire, au cours moyen des achats opérés pendant le trimestre, un capital équivalant à la valeur, d'après le tarif, des rentes viagères à inscrire.

ART. 14. — Les rentes ainsi transférées à la Caisse d'amortissement sont annulées.

ART. 15. — La Commission supérieure chargée, conformément à l'art. 13 de la loi du 18 juin 1850, de l'examen des questions relatives à la Caisse des retraites, est composée de quinze membres, nommés pour trois ans, par décret impérial, sur la proposition des Ministres des finances et de l'agriculture, du commerce et des travaux publics. Elle présente, chaque année, à l'Empereur, un rapport sur la situation morale et matérielle de la Caisse des retraites, lequel est communiqué au Corps législatif.

ART. 16. — Sont abrogées les lois des 28 mai 1853 et 7 juillet 1856, ainsi que toutes autres dispositions qui seraient contraires à la présente loi.

III. DÉCRET IMPÉRIAL portant règlement sur la Caisse des retraites pour la vieillesse.

Du 27 juillet 1861.

NAPOLÉON, par la grâce de Dieu et la volonté nationale, EMPEREUR DES FRANÇAIS, à tous présents et à venir, SALUT ;

Sur le rapport de notre Ministre de l'agriculture, du commerce et des travaux publics ;

Vu les lois des 18 juin 1850 et 12 juin 1861, et nos décrets des 18 août 1853 et 10 septembre 1859, sur la Caisse de retraites pour la vieillesse ;

Notre Conseil d'État entendu,

Avons décrété et décrétons ce qui suit :

ART. 1er. — Les versements de cinq francs au moins, et sans fraction de franc, sont reçus, à Paris, par la Caisse des dépôts et consignations, et, dans les départements, par les receveurs généraux et particuliers des finances, préposés de cette Caisse.

Lorsque, le déposant étant marié, le versement doit, conformément au paragraphe 4 de l'art. 4 de la loi du 18 juin 1850, profiter par moitié à son conjoint, aucun versement n'est reçu s'il n'est de dix francs au moins et multiple de deux francs

Lorsque l'un des époux a atteint le maximum de rente viagère fixé par l'art. 4 de la loi du 12 juin 1861 (1), les versements ultérieurs peuvent avoir lieu, jusqu'à la même limite, au profit exclusif de l'autre conjoint.

ART. 2. — Tout déposant qui, soit par lui-même, soit par un intermédiaire, opère un premier versement, fait connaître ses nom, prénoms, qualités civiles, âge, profession et domicile.

Il produit son acte de naissance, ou, à défaut, un acte de notoriété qui en tienne lieu, délivré dans les formes prescrites par l'art. 71 du Code Napoléon (2).

(1) Modifié par la loi du 4 mai 1864. (Voir ci-après, page 113.)

(2) Cet acte de notoriété est délivré par le Juge de paix du lieu de la naissance du déposant ou de son domicile.

L'art. 71 du Code Napoléon est ainsi conçu : « L'acte de notoriété contiendra la déclaration faite par sept témoins, de l'un ou de

Il déclare :

S'il entend faire l'abandon du capital versé, ou s'il veut que ce capital soit remboursé, lors de son décès, à ses ayants-droit ;

A quelle année d'âge accomplie, à partir de la cinquantième année, il a l'intention d'entrer en jouissance de la rente viagère.

ART. 3. — Si le déposant est marié, il fait, en ce qui concerne son conjoint, les productions et déclarations énoncées dans l'art. précédent.

A défaut de déclaration sur l'abandon ou la réserve du capital et sur l'âge fixé pour entrer en jouissance, les conditions de la déclaration que le déposant fait pour lui-même deviennent communes à son conjoint.

Dans le cas prévu au sixième paragraphe de l'art. 4 de la loi du 18 juin 1850, le déposant produit l'autorisation accordée par le Juge de paix ou par la Chambre du conseil.

ART. 4. — En cas de séparation de corps ou de biens, le déposant n'est tenu de produire que l'extrait du contrat de mariage ou du jugement qui a prononcé la séparation.

l'autre sexe, parents ou non parents, des prénoms, nom, profession et domicile du futur époux *(ou du déposant dans le cas actuel)*, et de ceux de ses père et mère, s'ils sont connus ; le lieu, et, autant que possible, l'époque de sa naissance, et les causes qui empêchent d'en rapporter l'acte. Les témoins signeront l'acte de notoriété avec le Juge de paix ; et, s'il en est qui ne puissent ou ne sachent signer, il en sera fait mention. »

Aux termes de l'art. 11 de la loi du 18 juin 1850 (voir page 95), les actes de notoriété relatifs à la Caisse des retraites doivent être délivrés *gratuitement* et visés pour timbre et enregistrés *gratis*. Ils devront, pour cela, contenir la mention expresse de l'usage auquel ils seront destinés, et ils ne pourront servir à autre chose.

L'extrait du jugement doit être accompagné des certificat et attestation prescrits par l'art. 548 du Code de procédure civile (1), et, en outre, dans le cas prévu par l'art. 1444 du Code Napoléon (2), des justifications établissant que la séparation de biens a été exécutée.

ART. 5. — Le mineur âgé de moins de dix-huit ans doit justifier que le versement par lui effectué, la désignation de l'âge auquel il veut entrer en jouissance de la rente viagère, et la condition d'abandon ou de réserve du capital, ont été autorisés par ses père, mère ou tuteur.

L'autorisation peut être donnée d'une manière générale pour tous les versements que le mineur effectuera ; elle est toujours révocable.

Si le mineur n'a ni père, ni mère, ni tuteur, ou en cas d'empêchement de celui qui aurait qualité pour l'autoriser, il peut y être suppléé par le juge de paix.

ART. 6. — S'il survient un changement dans les

(1) Cet article est ainsi conçu : « Les jugements qui prononcent une main levée, une radiation d'inscription hypothécaire, un paiement, ou quelque autre chose à faire par un tiers ou à sa charge, ne seront exécutoires par les tiers ou contre eux, même après les délais de l'opposition ou de l'appel, que sur le certificat de l'avoué de la partie poursuivante, contenant la date de la signification du jugement faite au domicile de la partie condamnée, et sur l'attestation du greffier constatant qu'il n'existe contre le jugement ni opposition ni appel. »

(1) Cet article est ainsi conçu : « La séparation de biens, quoique prononcée en justice, est nulle si elle n'a point été exécutée par le paiement réel des droits et reprises de la femme, effectué par acte authentique, jusqu'à concurrence des biens du mari, ou au moins par des poursuites commencées dans la quinzaine qui a suivi le jugement, et non interrompues depuis. »

qualités civiles du déposant, il est tenu de le déclarer au premier versement qui suit.

Il produit, en même temps, les justifications qui pourraient être nécessaires pour constater le changement survenu.

Art. 7. — Si un déposant veut soumettre de nouveaux versements à des conditions autres que celles qu'il a fixées pour ses versements antérieurs, il est tenu d'en faire la déclaration.

Tous les versements faits avant cette nouvelle déclaration restent soumis aux conditions des déclarations précédentes.

Art. 8. — Dans le cas où le versement est effectué par un tiers, et de ses deniers, les déclarations et productions exigées par les art. 2, 6 et 7 doivent être faites en ce qui concerne le titulaire de la rente.

Si le versement a lieu au profit d'une femme mariée, le consentement du mari doit, en outre, être produit (1).

Le tiers donateur doit, indépendamment des déclarations et productions ci-dessus, faire connaître s'il entend stipuler en sa faveur le remboursement du capital au décès du titulaire de la rente, ou s'il fait cette réserve au profit des ayants-droit de celui-ci, en indiquant si cette réserve est ou non subordonnée à la faculté par le titulaire d'aliéner le capital réservé.

Il peut être délivré au donateur, sur sa demande, un certificat constatant la réserve du capital à son profit.

_____

(1) Dans le cas d'absence ou de refus du mari, nous pensons que la femme pourrait se faire autoriser par le tribunal de première instance.

Art. 9. — Les déclarations prescrites par les art. 2, 3, 6, 7 et 8 sont consignées sur une feuille spéciale pour chaque déposant. Cette feuille est signée par le déposant ou par son intermédiaire, ainsi que par le caissier de la Caisse des dépôts et consignations, à Paris et dans le département de la Seine, et par le préposé de la caisse dans les autres départements (1).

Si le déposant ne sait pas signer, il en est fait mention.

Les pièces justificatives exigées ci-dessus sont annexées à ladite feuille. Les autorisations et consentements exigés par les art. 3, 5 et 8, peuvent y être consignés.

Art. 10. — Les feuilles spéciales et les pièces justificatives à l'appui sont réunies à la Caisse des dépôts et consignations et y demeurent déposées.

Elles servent à l'établissement du registre matricule de tous les déposants, contenant le compte de chacun d'eux.

Art. 11. — Le livret qui doit être remis à chaque déposant, aux termes de l'art. 9 de la loi du 18 juin 1850, est émis par la Caisse des dépôts et consignations; il est revêtu de son timbre.

Il porte un numéro d'ordre; il énonce, pour chaque titulaire, ses nom, prénoms, la date de sa naissance, ses profession, domicile, qualités civiles, et généralement tous les faits et conditions résultant des déclarations et productions prescrites par les art. 2 à 9 du présent règlement.

(1) Le Trésorier-payeur général ou le Receveur particulier des finances.

9

Le livret, ainsi que le compte correspondant inscrit au registre matricule, est disposé de manière qu'en cas de mariage, il puisse y être ouvert un compte pour chacun des conjoints.

Il contient, en outre, les dispositions législatives et réglementaires en vigueur.

Art. 12. — La délivrance du livret est faite, pour Paris et le département de la Seine, à la Caisse des dépôts et consignations, et pour les autres départements, par les receveurs des finances, préposés à cette caisse (1).

Elle a lieu au moment du premier versement effectué.

Le livret peut être retiré et représenté, soit par le titulaire lui-même, soit par un intermédiaire.

En cas de perte du livret, il est pourvu à son remplacement dans les formes prescrites pour le remplacement d'un titre de rente sur l'État (2).

Les rentes à jouissance immédiate, créées au profit de membres de Sociétés de secours mutuels, en vertu du décret du 26 avril 1856, ne donnent pas lieu à l'émission de livrets.

Art. 13. — Le montant de chaque versement est constaté par un enregistrement porté au livret et

_____

(1) Le prix du livret est de 25 centimes.

(2) Ce remplacement est opéré par le Directeur général de la Caisse des dépôts et consignations, sur la demande du titulaire et la production d'une déclaration dans la forme prescrite par l'art. 2 du décret impérial du 3 messidor an XII, ainsi conçu : « Art. 2. Les rentiers qui auraient perdu leurs extraits d'inscriptions, en feront la déclaration devant le Maire de la commune de leur domicile. — Cette déclaration, faite en présence de deux témoins qui constateront l'individualité du déclarant, sera assujétie au droit fixe d'enregistrement d'un franc. »

signé par le caissier ou le préposé qui reçoit le versement.

Cet enregistrement ne porte titre envers l'État qu'à la charge par le déposant de soumettre, dans les vingt-quatre heures de la date du versement, le livret, à Paris et dans le département de la Seine, au visa du contrôleur près la Caisse des dépôts et consignations, et, dans les autres départements, au visa du Préfet ou du Sous-Préfet.

ART. 14. — L'intermédiaire qui verse dans l'intérêt de plusieurs déposants dresse un bordereau en double expédition des sommes versées pour chacun d'eux.

Des bordereaux distincts doivent être dressés pour les nouveaux et pour les anciens déposants.

Ils doivent indiquer, en regard des sommes versées :

1° Pour les nouveaux déposants, les nom et prénoms, avec production des feuilles de déclarations et des pièces justificatives mentionnées dans les art. 2, 3, 4, 5 et 8;

2° Et pour les anciens déposants, le nom et le numéro du livret, avec production des livrets et des feuilles de déclarations, accompagnés des pièces justificatives à l'appui, dans le cas prévu par les art. 6, 7 et 8.

Dans les cas de donation, mention doit en être faite sur les bordereaux.

Le caissier de la Caisse des dépôts et consignations, en ce qui concerne Paris et le département de la Seine, les préposés de cette caisse, dans les autres départements, donnent quittance du versement sur l'une des expéditions du bordereau.

Cette quittance ne forme titre envers l'État qu'à la charge, par l'intermédiaire qui fait le versement, de la soumettre dans les vingt-quatre heures de sa date, à Paris et dans le département de la Seine, au visa du contrôleur près la Caisse des dépôts et consignations, et, dans les autres départements, au visa du Préfet ou du Sous-Préfet.

Le comptable dans la caisse duquel le versement a été opéré enregistre, sur chacun des livrets auxquels le versement est applicable, la somme versée par le titulaire du livret.

Cet enregistrement est soumis, à Paris et dans le département de la Seine, au visa du contrôleur près la Caisse des dépôts et consignations, et, dans les autres départements, au visa du Préfet ou du Sous-Préfet.

Art. 15. — Les Préfets et les Sous-Préfets relèvent, sur un registre spécial, les sommes enregistrées aux bordereaux et livrets, et adressent, tous les mois, un extrait dudit registre, tant à la Caisse des dépôts et consignations qu'au Ministre des finances, pour servir d'élément de contrôle.

Art. 16. — Trois mois après le versement effectué, le déposant ou le porteur de son livret a le droit de demander l'inscription sur le livret de la rente viagère correspondante.

A l'époque de l'entrée en jouissance de la rente viagère, le montant en sera définitivement fixé et inscrit au grand-livre de la dette publique, conformément aux règles de la comptabilité publique.

A cet effet, le titulaire du livret devra en faire l'envoi au Directeur général de la caisse des dépôts et consignations, en l'accompagnant de son certificat de vie (1).

Art. 17. — Le déposant qui veut profiter de la faculté qui lui est accordée par les art. 7 et 8 de la loi du 12 juin 1861, soit de faire l'abandon de tout ou partie du capital réservé, soit de reporter à une autre année d'âge accomplie la jouissance de sa rente, doit constater son intention par une déclaration.

Dans le cas d'abandon d'un capital réservé, cette déclaration doit être signée par la partie intéressée ou par son mandataire spécial.

Cet abandon ne peut jamais donner lieu au remboursement anticipé d'une partie du capital déposé.

Art. 18. — Dans le cas prévu par l'art. 6 de la loi du 18 juin 1850, les blessures graves ou infirmités prématurées, susceptibles de faire obtenir aux déposants à la Caisse des retraites la liquidation de leur pension avant l'âge de cinquante ans (2), sont constatées au moyen :

1° D'un certificat émané des médecins qui ont donné leurs soins aux déposants ;

2° D'une attestation émanée de l'autorité municipale : à Paris, cette attestation est délivrée par le commissaire de police ;

(1) Voir, pour la délivrance des certificats de vie, l'art. 28 ci-après, page 112.

(2) La liquidation anticipée dont il s'agit ne peut être réclamée que pour les capitaux versés antérieurement aux blessures ou infirmités qui ont occasionné l'incapacité de travail. Une personne déjà infirme et incapable de travailler ne pourrait donc pas se fonder sur l'art. 6 de la loi du 18 juin 1850 pour faire des versements avec la condition d'entrer en jouissance de la rente avant l'âge de cinquante ans.

3° D'un certificat émané d'un médecin désigné par le Préfet ou Sous-Préfet et assermenté.

ART. 19. — Indépendamment des pièces mentionnées à l'art. 18, les déposants dont la profession déclarée emporte rémunération, à quelque titre que ce soit, par l'État, les départements, les communes ou les établissements publics, doivent justifier, par une pièce émanée de leurs supérieurs, qu'ils ont cessé d'occuper leur emploi ou leur fonction.

ART 20. — Les certificats et attestations mentionnés à l'art. 18 doivent établir que les déposants sont dans l'incapacité absolue de travailler.

ART. 21. — Les demandes des déposants sont transmises, avec les pièces à l'appui, par les Préfets, dans les départements, et, à Paris, par le Préfet de police, au Directeur général de la caisse des dépôts et consignations.

ART. 22. — Les rentes viagères inférieures à cinq francs peuvent, lors de la liquidation définitive, être réunies au montant de la rente à liquider ultérieurement, au profit du même titulaire, pour d'autres versements, sans que cette réunion puisse donner droit à un rappel d'arrérages.

Cette réunion sera opérée d'office, si le titulaire n'a pas demandé le remboursement du capital afférent auxdites rentes.

ART. 23. — En cas de veuvage, la femme, titulaire d'une rente viagère de la vieillesse, fait immatriculer son titre sous sa qualité de veuve, en justifiant du décès de son mari.

ART. 24. — Après l'inscription au Grand-Livre

des rentes viagères définitivement liquidées, les livrets sont frappés d'un timbre constatant cette inscription, avant d'être rendus aux titulaires.

ART. 25. — Conformément aux art. 1974 et 1975 du Code Napoléon (1), toute somme versée au profit d'une personne morte au jour du versement ou atteinte de la maladie dont elle est morte dans les vingt jours du versement, est remboursée sans intérêts.

ART. 26. — Les tarifs dressés en exécution des art. 3 de la loi du 18 juin 1850 et 2 de la loi du 12 juin 1861, sont établis sur l'unité de franc et calculés par trimestre pour le versement, et par année pour la jouissance.

ART. 27. — Pour l'application des tarifs, les trimestres commencent les 1er janvier, 1er avril, 1er juillet et 1er octobre.

L'âge du déposant est calculé comme si ce déposant était né le premier jour du trimestre qui a suivi la date de la naissance.

L'intérêt de tout versement n'est compté qu'à partir du premier jour du trimestre qui suit la date du versement.

La rente viagère commence à courir du premier jour du trimestre qui suit celui dans lequel le déposant a accompli l'année d'âge à laquelle il aura déclaré vouloir entrer en jouissance de la rente.

(1) Ces deux articles sont ainsi conçus : — « ART. 1974. Tout contrat de rente viagère créée sur la tête d'une personne qui était morte au jour du contrat, ne produit aucun effet. » — « ART. 1975. Il en est de même du contrat par lequel la rente a été créée sur la tête d'une personne atteinte de la maladie dont elle est décédée dans les vingt jours de la date du contrat. »

L'année d'âge est toujours considérée comme accomplie pour les déposants âgés de plus de soixante-cinq ans.

Art. 28. — Les certificats de vie à produire, soit pour l'inscription des rentes viagères de la vieillesse, soit pour le paiement des arrérages desdites rentes, sont exemptés des droits de timbre et peuvent être délivrés, soit par les Notaires, soit par le Maire de la résidence du rentier (1).

Art. 29. — Les décrets des 18 août 1853 et 10 septembre 1859 sont et demeurent abrogés.

(1) Les imprimés sur lesquels ces certificats doivent être délivrés sont fournis gratuitement par les Trésoriers-payeurs généraux des finances, dans les attributions desquels se trouve le paiement des retraites ou rentes viagères pour la vieillesse, la mission de la Caisse des dépôts et consignations étant terminée lorsqu'elle a fait remise au rentier du titre régulier d'inscription de sa pension sur le grand-livre de la dette publique.

Les rentiers de la vieillesse peuvent recourir à l'intervention des Percepteurs pour faire parvenir au Trésorier-payeur général du département leurs titres de rente et leurs certificats de vie, qui sont renvoyés ensuite dûment visés et estampillés, afin que le paiement des arrérages puisse avoir lieu sans déplacement pour les parties. (Circulaire de la Comptabilité générale du ministère des finances du 28 décembre 1854.)

Par une décision en date du 14 juin 1861, M. le Ministre des finances a également autorisé la circulation en franchise, sous bandes, sous le couvert et le contre-seing des Maires d'une part et des Trésoriers-payeurs généraux d'autre part, des titres de pension et des certificats de vie des rentiers viagers de la Caisse des retraites pour la vieillesse.

A la faveur de ces diverses dispositions, les rentiers de la Caisse des retraites pour la vieillesse n'ont ni déplacements à opérer, ni frais à faire pour toucher, à la fin de chaque trimestre, les arrérages de leur pension; c'est à la fois commode et avantageux pour les rentiers qui habitent la campagne.

IV. LOI qui modifie celle du 12 juin 1861, relative à la Caisse des retraites pour la vieillesse.

Du 4 mai 1864.

NAPOLÉON, par la grâce de Dieu et la volonté nationale, EMPEREUR DES FRANÇAIS, à tous présents et à venir, SALUT ;

Avons sanctionné et sanctionnons, promulgué et promulguons ce qui suit :

ART. UNIQUE. — Le maximum de la rente viagère que la Caisse des retraites est autorisée à faire inscrire sur la même tête est fixé à 1,500 fr. (1).

Les sommes versées dans une année, au compte de la même personne, ne peuvent excéder 4,000 fr. (2).

(1) La loi du 18 juin 1850, en créant la Caisse des retraites pour la vieillesse, n'avait fixé qu'à six cents francs le maximum de la rente viagère qui pouvait être inscrite sur la même tête ; l'art. 4 de la loi du 12 juin 1861 porta ce maximum à mille francs ; la loi du 4 mai 1864 l'a, on le voit, élevé à *quinze cents francs*. Ce chiffre est maintenant très-convenable.

(2) L'art. 4 de la loi du 12 juin 1861 avait limité à trois mille francs la totalité des versements à faire, dans une année, au compte de la même personne. Il était naturel qu'en élevant le maximum de la rente, les législateurs de 1864 élevassent aussi la somme qui peut être versée annuellement.

SECTION 4. *Caisses d'assurances en cas de décès et en cas d'accidents.*

---

1. LOI portant création de deux Caisses d'assurances, l'une en cas de décès et l'autre en cas d'accidents résultant de travaux agricoles ou industriels.

Du 11 juillet 1868.

NAPOLÉON, par la grâce de Dieu et la volonté nationale, EMPEREUR DES FRANÇAIS, à tous présents et à venir, SALUT ;

Avons sanctionné et sanctionnons, promulgué et promulguons ce qui suit :

ART. 1er. — Il est créé, sous la garantie de l'État :

1° Une Caisse d'assurances ayant pour objet de payer, au décès de chaque assuré, à ses héritiers ou ayants-droit, une somme déterminée suivant les bases fixées par l'art. 2 ci-après ;

2° Une Caisse d'assurances en cas d'accidents ayant pour objet de servir des pensions viagères aux personnes assurées qui, dans l'exécution de travaux agricoles ou industriels, seront atteintes de blessures entraînant une incapacité permanente de travail, et de donner des secours aux veuves et aux enfants mineurs des personnes assurées qui auront péri par suite d'accidents survenus dans l'exécution desdits travaux (1).

(1) Ainsi donc, si l'assuré est victime d'un accident qui l'empêche

TITRE Ier.

De la Caisse d'assurances en cas de décès.

ART. 2. — La participation à l'assurance est acquise par le versement de primes uniques ou de primes annuelles (1).

La somme à payer, au décès de l'assuré, est fixée conformément à des tarifs tenant compte :

1° De l'intérêt composé à quatre pour cent par an des versements effectués;

2° Des chances de mortalité, à raison de l'âge des déposants, calculée d'après la table dite de Déparcieux.

Les primes établies d'après les tarifs sus-nommés seront augmentées de six pour cent.

ART. 3. — Toute assurance faite moins de deux ans avant le décès de l'assuré demeure sans effet. Dans ce cas, les versements effectués sont restitués aux ayants-droit, avec les intérêts simples à quatre pour cent.

Il en est de même lorsque le décès de l'assuré, quelle qu'en soit l'époque, résulte de causes exceptionnelles qui seront définies dans les polices d'assurances (2).

de travailler, il obtient une pension pour toute sa vie; s'il périt par suite de l'accident, des secours sont accordés à sa veuve et à ses enfants, ou à ses père et mère sexagénaires.

(1) Il y a, par conséquent, trois manières de s'assurer : 1° par *prime unique,* c'est-à-dire au moyen d'un seul versement une fois fait; 2° par *primes annuelles,* payables tous les ans jusqu'au décès de l'assuré; 3° par *primes annuelles temporaires,* payables seulement pendant un certain nombre d'années, au choix de l'assuré.

(2) Suicide, duel ou condamnation judiciaire. (Voir ci-après, l'art. 16 du décret du 10 août 1868, page 128.)

ART. 4. — Les sommes assurées sur une seule tête ne peuvent excéder 3,000 fr.

Elles sont insaisissables et incessibles jusqu'à concurrence de la moitié, sans toutefois que la partie incessible ou insaisissable puisse descendre au-dessous de 600 fr.

ART. 5. — Nul ne peut s'assurer s'il n'est âgé de seize ans au moins et de soixante ans au plus (1).

ART. 6. — A défaut de paiement de la prime annuelle, dans l'année qui suivra l'échéance, le contrat est résolu de plein droit. Dans ce cas, les versements effectués, déduction faite de la part afférente aux risques courus, sont ramenés à un versement unique, donnant lieu, au profit de l'assuré, à la liquidation d'un capital au décès (2). La déduction est calculée d'après les bases du tarif.

ART. 7. — Les Sociétés de secours mutuels approuvées conformément au décret du 26 mars 1852 sont admises à contracter des assurances collectives, sur une liste indiquant le nom et l'âge de tous les membres qui les composent, pour assurer au décès

_____

(1) Il faut, par conséquent, être entré dans sa dix-septième année ou n'avoir pas fini la soixantième.

(2) Ainsi donc, si le paiement des primes annuelles est interrompu, l'assurance cesse comme assurance à prime annuelle, mais elle se trouve convertie en une assurance à prime unique, prime qui se compose de toutes les sommes qui ont été versées partiellement, déduction faite des risques courus, et qui produit, au décès de l'assuré, un capital dont le paiement est effectué à ses héritiers. Par conséquent, alors même que l'assuré ne peut pas continuer de remplir ses engagements, il ne perd rien de ce qu'il a versé ; les sacrifices qu'il a faits portent toujours leur fruit, quoiqu'il ne soit plus en mesure de les continuer.

de chacun d'eux une somme fixe, qui, dans aucun cas, ne pourra excéder 1,000 francs (1).

Ces assurances seront faites pour une année seulement et d'après des tarifs spéciaux déduits des règles générales arrêtées à l'art. 2. Elles pourront se cumuler avec les assurances individuelles (2).

TITRE II.

De la Caisse d'assurances en cas d'accidents.

Art. 8. — Les assurances en cas d'accidents ont lieu par année. L'assuré verse, à son choix et pour chaque année, 8 francs, 5 francs ou 3 francs.

Art. 9. — Les ressources de la Caisse d'assurances en cas d'accidents se composent :

1° Du montant des cotisations versées par les assurés, comme il est dit ci-dessus ;

2° D'une subvention de l'État à inscrire annuellement au budget et qui, pour la première année, est fixée à un million ;

3° Des dons et legs faits à la caisse.

(1) C'est là un grand avantage pour les Sociétés de secours mutuels approuvées. En effet, toutes ces Sociétés ont à leur charge les frais funéraires de leurs membres participants, la plupart allouent également des secours à la veuve, aux enfants mineurs et quelquefois aux père et mère des Sociétaires décédés ; or, ces diverses obligations sont souvent très-lourdes, et il n'est pas rare de voir, dans les temps d'épidémie, des Sociétés réduites à la pénible nécessité de manquer à leurs engagements sur ce point. L'assurance collective, créée par l'art. 7 de la loi du 11 juillet 1868, fournit le meilleur moyen d'empêcher le retour d'aussi fâcheuses extrémités, sans grever la caisse sociale de charges exagérées.

(2) C'est-à-dire qu'un sociétaire peut, à la fois, se faire assurer personnellement et figurer, pour une seconde assurance, dans la liste de la Société de secours mutuels à laquelle il appartient.

Art. 10. — Pour le règlement des pensions viagères à concéder, les accidents sont distingués en
deux classes :

1° Accidents ayant occasionné une incapacité
absolue de travail ;

2° Accidents ayant entraîné une incapacité permanente du travail de la profession.

La pension accordée pour les accidents de la seconde classe n'est que la moitié de la pension afférente aux accidents de la première.

Art. 11. — La pension viagère due aux assurés,
suivant la distinction de l'article précédent, est servie
par la Caisse des retraites, moyennant la remise qui
lui est faite, par la Caisse des assurances en cas d'accidents, du capital nécessaire à la constitution de ladite pension d'après les tarifs de la Caisse des retraites.

Ce capital se compose, pour la pension en cas
d'accidents de la première classe :

1° D'une somme égale à trois cent vingt fois le
montant de la cotisation versée par l'assuré ;

2° D'une seconde somme égale à la précédente, et
qui est prélevée sur les ressources indiquées aux
paragraphes 2 et 3 de l'art. 9.

Le montant de la pension, correspondant aux
cotisations de 5 francs et de 3 francs, ne peut être
inférieur à 200 francs pour la première et à 150
francs pour la seconde. La seconde partie du capital
ci-dessus est élevée de manière à atteindre ces
minima, lorsqu'il y a lieu.

Art. 12. — Le secours à allouer, en cas de mort
par suite d'accident, à la veuve de l'assuré, et s'il
est célibataire ou veuf sans enfants, à son père ou à

sa mère sexagénaire, est égal à deux années de la pension à laquelle il aurait eu droit, aux termes de l'article précédent.

L'enfant ou les enfants mineurs reçoivent un secours égal à celui qui est attribué à la veuve.

Les secours se payeront en deux annuités (1).

ART. 13. — Les rentes viagères constituées en vertu de l'art. 9 ci-dessus sont incessibles et insaisissables.

ART. 14. — Nul ne peut s'assurer s'il n'est âgé de douze ans au moins (2).

ART. 15. — Les administrations publiques, les établissements industriels, les compagnies des chemins de fer, les sociétés de secours mutuels autorisées, peuvent assurer collectivement leurs ouvriers ou leurs membres par listes nominatives, comme il a été dit en l'art. 7.

---

(1) En cas de secours à allouer par suite d'accident ayant occasionné la mort de l'assuré, la partie intéressée doit produire, outre les actes de naissance et de décès de l'assuré : *s'il s'agit d'une veuve,* son acte de mariage ; *s'il s'agit d'enfants mineurs,* leurs actes de naissance et un certificat du Juge de paix constatant les noms et le nombre des enfants mineurs laissés par l'assuré ; *s'il s'agit du père ou de la mère sexagénaire,* son acte de naissance, l'acte de naissance ou de décès de son conjoint, suivant qu'il est vivant ou décédé, et un certificat du Juge de paix constatant que l'assuré n'a laissé ni veuve, ni enfants mineurs. — Dès que les pièces produites ont été reconnues régulières, le paiement de la première annuité du secours est autorisé sur la caisse du préposé dans l'arrondissement duquel la partie intéressée a demandé à être payée. Avis en est donné à l'ayant-droit. — Le paiement de la deuxième annuité du secours est ordonnancé, sans nouvelle demande, sur la caisse du même préposé, à la date anniversaire du décès de l'assuré.

(2) C'est-à-dire s'il n'est entré dans sa treizième année. — Les femmes sont, comme les hommes, admises à profiter de l'assurance en cas d'accidents.

Les administrations municipales peuvent assurer de la même manière les compagnies ou subdivisions de sapeurs-pompiers contre les risques inhérents, soit à leur service spécial, soit aux professions individuelles des ouvriers qui les composent.

Chaque assuré ne peut obtenir qu'une seule pension viagère. Si, dans le cas d'assurances collectives, plusieurs cotisations ont été versées sur la même tête, elles seront réunies, sans que la cotisation ainsi formée pour la liquidation de la pension puisse dépasser le chiffre de 8 francs ou de 5 francs, fixé par la présente loi.

DISPOSITIONS GÉNÉRALES.

ART. 16. — Les tarifs des deux caisses seront révisés tous les cinq ans à partir de 1870. Ils seront, s'il y a lieu, modifiés par une loi.

ART. 17. — Les Caisses d'assurances créées par la présente loi sont gérées par la Caisse des dépôts et consignations (1).

Toutes les recettes disponibles provenant soit des versements des assurés, soit des intérêts perçus par les caisses, sont successivement, et dans les huit jours au plus tard, employées en achat de rentes sur l'État. Ces rentes sont inscrites au nom de chacune des caisses qu'elles concernent.

Une Commission supérieure, instituée sur les bases

(1) L'administration de cette caisse donne toujours avec empressement tous les renseignements que l'on peut désirer à toutes les personnes qui en font la demande, par écrit (sans avoir besoin d'affranchir), à M. le Directeur général de la Caisse des dépôts et consignations, rue de Lille, 56, à Paris.

de la loi du 12 juin 1861, est chargée de l'examen des questions relatives aux deux caisses (1).

Cette commission présente, chaque année, à l'Empereur, un rapport sur la situation morale et matérielle des deux caisses d'assurances, lequel est communiqué au Sénat et au Corps législatif.

Art. 18. — A dater de la promulgation de la présente loi, le Gouvernement fera préparer de nouvelles tables de mortalité, d'après les données de l'expérience.

Il fera également dresser une statistique annuelle indiquant le nombre, la nature, les causes des accidents qui se produisent dans les différentes professions.

Art. 19. — Un règlement d'administration publique déterminera, d'après les bases posées dans la présente loi, les conditions spéciales des polices et la forme des assurances ; il désignera les agents de l'État par l'intermédiaire desquels les assurances pourront être contractées (2).

Les certificats, actes de notoriété et autres pièces exclusivement relatives à l'exécution de la présente loi, seront délivrés gratuitement et dispensés des droits de timbre et d'enregistrement.

(1) Art. 13 de la loi du 12 juin 1861, relative à la Caisse des retraites. (Voir précédemment, page 100.)

(2) Cette prescription a été remplie par le décret impérial du 10 août 1868, que nous reproduisons à la page suivante.

II. DÉCRET IMPÉRIAL, portant règlement d'administration publique pour l'exécution de la loi du 11 juillet 1868, relative à la création d'une Caisse d'assurances en cas de décès, et d'une Caisse d'assurances en cas d'accidents résultant de travaux agricoles ou industriels.

Du 10 août 1868.

NAPOLÉON, par la grâce de Dieu et la volonté nationale, EMPEREUR DES FRANÇAIS, à tous présents et à venir, SALUT;

Sur le rapport de notre Ministre de l'agriculture, du commerce et des travaux publics;

Vu la loi du 11 juillet 1868, relative à la création de deux Caisses d'assurances en cas de décès et en cas d'accidents résultant de travaux agricoles ou industriels;

Vu, spécialement, l'art. 19 de cette loi, ledit article ainsi conçu : « Un règlement d'administration publique déterminera, d'après les bases posées dans la présente loi, les conditions spéciales des polices et la forme des assurances; il désignera les agents de l'État par l'intermédiaire desquels les assurances pourront être contractées; »

Notre Conseil d'État entendu,

Avons décrété et décrétons ce qui suit :

TITRE Ier.

De la Caisse d'assurances en cas de décès.

ART. 1er — Toute personne qui veut contracter

une assurance fait une proposition à l'administration de la Caisse des dépôts et consignations.

Cette proposition contient les nom et prénoms de l'assuré, sa profession, son domicile, le lieu et la date de sa naissance, la somme qu'il veut assurer, ainsi que les conditions spéciales de son assurance (1). Elle est signée par l'assuré ou par son mandataire spécial (2). Cette signature est légalisée par le Maire de la résidence du signataire (3).

Art. 2. — Les propositions d'assurances sont reçues, à Paris, à la Caisse des dépôts et consignations, et, dans les départements, par les Trésoriers-payeurs généraux et par les Receveurs particuliers des finances.

(1) La proposition d'assurance doit également indiquer si l'assuré est marié, célibataire ou veuf; et, s'il s'agit d'une femme, si elle est célibataire, mariée non séparée de biens, mariée séparée de biens ou de corps et de biens, ou enfin veuve. — A l'appui de la proposition d'assurance, il faut produire l'acte de naissance de l'assuré ou, à défaut, un acte de notoriété en tenant lieu. (Pour cet acte, voir précédemment, page 101, note 2.) Il faut, en outre : *s'il s'agit d'un mineur*, justifier de l'autorisation du père, de la mère ou du tuteur, et, à défaut, d'une autorisation judiciaire; *s'il s'agit d'une femme mariée non séparée de biens*, produire l'autorisation du mari ou une autorisation judiciaire; *s'il s'agit d'une femme mariée séparée de biens par contrat ou judiciairement*, apporter la preuve de cette séparation, et, *en cas de séparation judiciaire*, la preuve de son exécution. Les autorisations doivent indiquer le montant et les conditions de l'assurance.

(2) La procuration donnée à ce mandataire peut être contenue dans la proposition d'assurance, ou être produite à l'appui de la proposition par acte séparé, passé devant notaire, ou fait sous seing privé. Le montant et les conditions de l'assurance doivent être indiqués dans la procuration.

(3) La signature de l'assuré et, s'il y a lieu, celle de son mandataire, tant sur la proposition d'assurance que sur la procuration, si elle est sous seing privé, doivent être légalisées par le Maire de leur résidence. Cette légalisation n'est pas nécessaire pour les signatures déjà produites à la Caisse d'assurances.

Elles sont également reçues par les percepteurs des contributions directes et les receveurs des postes (1).

Elles sont toujours accompagnées d'un versement qui comprend la prime entière, si l'assurance a lieu par prime unique, et la première annuité, si elle a lieu par primes annuelles (2).

Art. 3. — Les propositions faites à Paris, à la Caisse des dépôts et consignations, lorsqu'elles sont reconnues régulières, sont immédiatement suivies de la délivrance d'un livret formant police d'assurance.

Celles qui ont lieu dans les départements sont transmises sans délai, avec le montant du versement, par le comptable qui les a reçues, à la direction générale, qui, après les vérifications nécessaires, fait remettre le livret-police à l'assuré, en échange du récépissé provisoire qui lui a été donné au moment du versement.

Art. 4. — Le livret-police est revêtu du timbre de la Caisse des dépôts et consignations. Il porte un numéro d'ordre et reproduit les mentions indiquées dans la proposition d'assurance.

Il contient également par extraits les lois, décrets, instructions et tarifs concernant la Caisse des assurances en cas de décès.

Art. 5. — Les primes annuelles autres que la

_____

(1) Tous ces fonctionnaires ont en dépôt des formules imprimées de propositions d'assurance, qu'ils remettent aux personnes qui veulent s'assurer. Il n'y a plus alors qu'à remplir ces formules, en se conformant aux indications qu'elles contiennent.

(2) Le comptable délivre un reçu provisoire, qui est ensuite échangé contre le *livret-police.* (Voir à l'article suivant.)

première peuvent être versées par toute personne munie du livret, dans toute localité, entre les mains des comptables indiqués en l'art. 2.

ART. 6. — Chaque versement est constaté sur le livret-police par un enregistrement signé du comptable entre les mains duquel il a été opéré.

Cet enregistrement ne fait titre envers l'État qu'à la charge par l'assuré de le faire viser, dans les vingt-quatre heures, à Paris, pour les versements faits à la Caisse des dépôts et consignations, par le contrôleur près cette caisse, et dans les départements, pour les versements faits chez les Trésoriers-payeurs généraux ou chez les Receveurs particuliers des finances, par le Préfet ou le Sous-Préfet.

Quant aux versements faits à Paris ou dans les départements, entre les mains des percepteurs et des receveurs des postes, leur enregistrement sur le livret-police est visé, dans le même délai que ci-dessus, par le Maire du lieu où le versement a été opéré.

ART. 7. — Les registres matricules et les comptes individuels des assurés sont tenus à la direction générale de la Caisse des dépôts et consignations, qui conserve les propositions d'assurance et les pièces produites à l'appui.

ART. 8. — Les assurés peuvent, à toute époque, adresser leur livret-police à la direction générale, pour faire vérifier l'exactitude des mentions qui sont inscrites et leur conformité avec celles qui sont portées aux comptes individuels.

ART. 9. — Les propositions d'assurance et les premiers versements, lorsqu'ils sont faits par un même mandataire pour plusieurs assurés, sont accompagnés d'un bordereau en double expédition indiquant la prime afférente à chaque assuré (1).

Les versements subséquents doivent toujours figurer dans un bordereau distinct.

Le comptable donne, sur l'un des doubles du bordereau, une quittance qui ne forme titre envers l'État, qu'à la charge, par le mandataire, de la faire viser dans les vingt-quatre heures, suivant les distinctions portées à l'art. 6.

Le même comptable enregistre sur chaque livret la somme versée applicable à chaque titulaire. Cet enregistrement est soumis au même visa que ci-dessus.

Art. 10. — Les Préfets et Sous-Préfets relèvent, sur un registre spécial, les sommes enregistrées au bordereau et sur chacun des livrets-polices, et adressent, dans le mois, un extrait dudit registre à la Caisse des dépôts et consignations pour servir d'élément de contrôle.

Les Maires transmettent également à la Caisse des dépôts et consignations avis des visas par eux donnés, dans les délais et suivant les formes déterminés par le Ministre des finances.

Art. 11. — Les primes annuelles sont acquittées chaque année, à l'échéance indiquée par la date du premier versement.

A défaut de paiement dans les trente jours, il est dû des intérêts à quatre pour cent, à partir de

---

(1) On trouve des formules imprimées de ces bordereaux chez tous les comptables désignés comme agents de la Caisse des dépôts et consignations dans l'art. 2 du présent décret.

l'échéance jusqu'à l'expiration du délai d'un an fixé à l'art. 6 de la loi du 11 juillet 1868.

ART. 12. — A toute époque, l'assuré peut anticiper la libération de sa police.

Sa proposition, à cet effet, est remise à l'un des comptables désignés dans l'art. 2 ; elle est adressée par ce comptable à la Caisse des dépôts et consignations, avec le livret sur lequel cette caisse mentionne la modification du contrat.

ART. 13. — Dans l'application des tarifs, la prime est fixée d'après l'âge de l'assuré, au prochain anniversaire de sa naissance.

ART. 14. — Les sommes dues par la Caisse des assurances, au décès de l'assuré, sont payables aux héritiers ou ayants-droit, à Paris, à la caisse générale, et dans les départements, à la caisse de ses préposés. Le payement a lieu sur une autorisation donnée par le Directeur général de la Caisse des dépôts et consignations, auquel les demandes doivent être adressées, soit directement, soit par l'intermédiaire des préposés ou agents désignés à l'art. 2.

Ces demandes doivent être accompagnées du livret-police et de l'acte de décès de l'assuré, ainsi que d'un certificat de propriété délivré dans les formes et suivant les règles prescrites par la loi du 28 floréal an VII (1), constatant les droits des réclamants.

ART. 15. — Les oppositions au payement de sommes assurées, ou les cessions desdites sommes dans

_____

(1) Voir l'art. 6 de cette loi, page 90, note 2. Ce certificat est délivré gratuitement et dispensé des droits de timbre et d'enregistrement, en exécution de l'art. 10 de la loi du 11 juillet 1868.

les limites déterminées par l'art. 4 de la loi du 11 juillet 1868, doivent être signifiées au Directeur général de la Caisse des dépôts et consignations.

Art. 16. — Dans le cas où le décès résulte de suicide, de duel ou de condamnation judiciaire, l'assurance demeure sans effet, conformément à l'art. 3 de la loi du 11 juillet 1868.

Art. 17. — Les propositions d'assurances collectives pour une année, au profit des Sociétés de secours mutuels approuvées, sont faites par les présidents de ces Sociétés et déposées, avec les versements correspondants, chez les comptables désignés à l'art. 2.

Ces propositions sont accompagnées de listes nominatives comprenant les personnes assurées et indiquant la date de naissance de chacune d'elles.

Les assurances collectives ont leur effet à partir du 1er janvier qui suit l'envoi des listes et le payement des primes.

Art. 18. — Le payement des sommes dues aux Sociétés de secours mutuels, après décès d'un de leurs membres, se fait entre les mains du trésorier desdites sociétés, dûment autorisé (1).

Ce payement a lieu sur une autorisation donnée

(1) L'assurance collective étant faite au nom et au profit de la Société, la somme due par la Caisse, au décès de chaque sociétaire, est versée entre les mains du trésorier; la Société peut donc en disposer comme elle l'entend, lui donner l'emploi qu'elle juge le plus utile et le plus convenable; elle peut l'affecter au paiement des frais funéraires, à l'acquisition d'un terrain dans le cimetière, aux secours à la famille, etc. « En un mot, la Caisse d'assurances en cas de décès met, moyennant une prime fixe, à la disposition des Sociétés de secours mutuels, toutes les fois qu'elles viennent à perdre un de leurs membres, la somme pour laquelle elles ont jugé nécessaire de s'assurer. »

par le Directeur général de la caisse des dépôts et consignations, auquel la demande doit être adressée avec l'acte de décès du sociétaire.|

ART. 19. — En cas de perte du livret-police, il est pourvu à son remplacement dans les formes prescrites pour les titres de rentes sur l'État, sur la production d'une déclaration faite devant le Maire de la commune où l'assuré a sa résidence (1).

TITRE II.

De la Caisse d'assurances en cas d'accidents.

ART. 20. — Les art. 1er, 2, 3, 4, 5, 6, 7, 8, 9 et 10 ci-dessus sont applicables aux assurances en cas d'accidents, sauf la modification énoncée à l'article qui suit.

ART. 21. — La proposition d'assurance en cas d'accidents contient les nom et prénoms de l'assuré, sa profession, son domicile, le lieu et la date de sa naissance, et le taux de cotisation qu'il choisit (2).

ART. 22. — Les polices d'assurances collectives par les administrations publiques, les établissements industriels, les compagnies de chemins de fer, les

---

(1) Voir précédemment, page 106, note 2, les dispositions de l'art. 2 du décret impérial du 3 messidor an XII, relatives à cette déclaration.

(2) La proposition d'assurance doit, en outre, indiquer si l'assuré est célibataire, marié ou veuf, et le jour à partir duquel l'assurance devra produire son effet; mais il n'est pas nécessaire de joindre l'acte de naissance de l'assuré. Des formules imprimées se trouvent, d'ailleurs, chez tous les fonctionnaires désignés pour recevoir les propositions d'assurances.

Sociétés de secours mutuels autorisées sont faites par les chefs, directeurs ou présidents desdites administrations, établissements, compagnies ou sociétés, et déposées chez les comptables désignés à l'art. 2.

Ces propositions sont accompagnées des listes nominatives comprenant les personnes assurées et indiquant la date de la naissance de chacune d'elles (1).

Les assurances collectives, en cas d'accidents, ont leur effet à partir du jour où elles sont contractées.

Art. 23. — Un comité, institué au chef-lieu de chaque arrondissement, donne son avis sur les demandes de pensions viagères ou de secours présentées par les assurés domiciliés dans l'arrondissement ou par leurs ayants-droit.

Art. 24. — Ce comité est composé, sous la présidence du Préfet ou du Sous-Préfet, ou de leur délégué, de quatre membres désignés par le Préfet, savoir : un ingénieur des ponts-et-chaussées ou des mines en résidence dans l'arrondissement, un médecin et deux membres de Sociétés de secours mutuels, s'il en existe dans l'arrondissement.

A défaut de Sociétés de secours mutuels, le Préfet nomme deux membres pris parmi les chefs d'industrie, les contre-maîtres ou les ouvriers des professions les plus répandues de l'arrondissement.

(1) Les chefs, directeurs ou présidents, qui font une assurance collective pour leurs employés, ouvriers ou sociétaires, n'ont à souscrire qu'une seule proposition, et n'ont à produire d'autre pièce à l'appui que la liste nominative des assurés. Cependant, chaque proposition collective ne pouvant contenir que des cotisations du même taux, si les assurés adoptaient plusieurs chiffres de cotisation, il faudrait souscrire autant de propositions qu'il y aurait de taux différents, ce qui ferait au plus trois propositions, à supposer que les chiffres de 3 fr., 5 fr. et 8 fr. fussent adoptés.

A Paris et à Lyon, il est institué un comité par arrondissement municipal. Le Maire en est président; les autres membres sont désignés par le Préfet, qui, à défaut d'ingénieurs, choisit parmi les architectes voyers.

Art. 25. — Lorsqu'un assuré est atteint par un accident grave, le Maire, sur l'avis qui lui en est donné, constate les circonstances, les causes et la nature de cet accident.

Il consigne sur son procès-verbal les déclarations des personnes présentes et ses observations personnelles.

Art. 26. — Le Maire charge un médecin de constater l'état du blessé, d'indiquer les suites probables de l'accident, et, s'il y a lieu, l'époque à laquelle il sera possible d'en déterminer le résultat définitif.

Art. 27. — Le certificat dressé par le médecin est remis au Maire, qui, après l'avoir dûment légalisé, le transmet au Préfet ou au Sous-Préfet, avec son procès-verbal.

Art. 28. — Les pièces ci-dessus sont transmises, dans le plus bref délai, avec la demande de la partie intéressée, au comité institué par l'article 23 ci-dessus (1).

Art. 29. — Ce comité donne son avis, dans les huit jours, sur les affaires susceptibles de recevoir une solution définitive.

_____

(1) A l'appui de sa demande, la partie intéressée produit son livret-police et son acte de naissance, ou, à défaut, un acte de notoriété dressé conformément à l'art. 71 du Code Napoléon. (Voir cet article à la page 101, note 2.)

Pour les autres, le comité surseoit jusqu'à production d'un nouveau certificat médical.

Ce certificat est dressé, après serment prêté devant le Juge de paix, soit par le médecin membre du comité, soit par tout autre médecin désigné par le Préfet ou le Sous-Préfet, sur la demande du comité.

Avis de la visite du médecin est donné, huit jours à l'avance, au Maire de la commune, qui lui-même en avertit le blessé. Celui-ci peut demander l'ajournement de la visite (1).

Art. 30. — Les avis du comité sont adressés sans délai au Préfet du département.

Le Préfet les transmet, avec les pièces à l'appui, au Directeur général de la caisse, qui statue.

Art. 31. — Nos Ministres de l'agriculture, du commerce et des travaux publics, et des finances, sont chargés, chacun en ce qui le concerne, de l'exécution du présent décret, lequel sera inséré au *Bulletin des lois.*

---

(1) Afin que son état ne soit constaté que lorsque le temps ne devra plus y apporter de changement, en bien ni en mal.

CHAPITRE IV.

JURISPRUDENCE RELATIVE AUX SOCIÉTÉS DE SECOURS MUTUELS ET A LEURS MEMBRES HONORAIRES OU PARTICIPANTS.

———

Plus le nombre des Sociétés de secours mutuels augmente, plus le cercle de leur action s'élargit, et plus les intérêts qu'elles ont à satisfaire amènent de contestations, soulèvent de difficultés, font même naître de procès, qui, fort souvent, seraient évités si chacun était parfaitement fixé sur l'étendue de son droit et connaissait les décisions intervenues dans des cas analogues. En commentant les lois, décrets et arrêtés que contient ce volume, nous avons éclairé beaucoup de points qui pouvaient paraître obscurs et rapporté un grand nombre de décisions administratives ou judiciaires; nous allons examiner, dans ce chapitre, les questions litigieuses les plus importantes et les plus usuelles, et reproduire les jugements et arrêts auxquels leur solution a donné lieu.

On nous consulte fréquemment, d'ailleurs, sur les différends qui s'élèvent au sein des Sociétés de secours mutuels, et nous avons souvent la satisfaction de contribuer, par nos conseils, à terminer ces différends à l'amiable. Nous serons toujours heureux

11*

do faire ainsi part à nos confrères des résultats de notre expérience et de nos études spéciales de la mutualité.

—————

1. Lorsque, par suite de l'application des statuts, une difficulté s'est élevée entre une Société de secours mutuels et un ou plusieurs de ses membres, la Société peut-elle juger souverainement elle-même la contestation? — Dans le cas de la négative, l'approbation du Gouvernement a-t-elle pour effet de donner à la Société le caractère d'établissement public, à ses statuts celui d'acte administratif, et d'attribuer la solution des difficultés à la décision de l'autorité administrative? — Ou bien, les contestations qui s'élèvent sur l'application des statuts doivent-elles être soumises au jugement des tribunaux ordinaires?

Ces graves questions, longtemps restées indécises, et qui avaient donné lieu, de la part de l'administration, à des solutions contradictoires, ont été complétement résolues dans plusieurs circonstances, et notamment dans les deux cas suivants, où le Conseil d'État et les Cours impériales de Paris et de Bordeaux ont été appelés à se prononcer.

La Société de secours mutuels, dite des Messageries impériales, réunie en assemblée générale, ayant prononcé l'exclusion d'un de ses membres, le sieur Guiot, celui-ci intenta contre elle un action devant le tribunal civil de la Seine, pour obtenir sa réintégration. Sur cette assignation, le Président excipa de l'incompétence du tribunal, en se fondant sur ce que la Société n'ayant pas d'objet qui fût dans le commerce et qui pût servir d'élément pour une transaction civile ou commerciale, les difficultés entre elles et un de ses membres devaient être jugées par elle-même, souverainement, par application de son règlement.

Le tribunal civil de la Seine rendit, le 6 février 1857, un jugement ainsi conçu : « Attendu que Guiot, membre de la Société de prévoyance, dite *des Messageries impériales,* a souscrit, conformément à l'art. 25 de ses statuts, une déclaration par laquelle il s'est soumis au règlement adopté; — Que, par délibération du 18 novembre 1855, il a été exclu de la Société; — Qu'à la demande en réintégration formée par Guiot, la Société oppose l'exception d'incompétence;

» Attendu que l'administration de la Société est incontestablement investie du pouvoir de faire exécuter son règlement; mais qu'aucune disposition de cet acte ne lui confère le droit de décider souverainement les difficultés qui surgissent entre elle et un sociétaire; — Que, d'ailleurs, une semblable disposition ne serait pas obligatoire; — Qu'il suit de là que chaque Sociétaire conserve la faculté de se pourvoir devant les tribunaux ordinaires contre l'application abusive des statuts faite à son préjudice; — Que, dès lors, l'exception d'incompétence proposée par la Société ne peut être accueillie,

» Se déclare compétent et retient la cause. »

Au fond, le tribunal ordonna la réintégration de Guiot et condamna la Société aux dépens.

La Société interjeta appel de ce jugement devant la Cour impériale de Paris; mais, le 14 mai 1858, le Préfet de police, sur l'invitation du Ministre de

l'intérieur, proposa un déclinatoire, à l'effet de re-
vendiquer la connaissance de l'affaire pour l'autorité
administrative, en vertu des lois des 16-24 août
1790 et 16 fructidor an III, sur la séparation des
pouvoirs administratif et judiciaire. Par arrêt du
9 juillet 1858, la Cour impériale ayant rejeté le déclinatoire et retenu l'affaire, le Préfet de police fit
déposer au greffe, le 23 du même mois, un arrêté
de conflit, fondé, comme le déclinatoire, sur ce que
les Sociétés de secours mutuels étaient des établissements de bienfaisance, et que leurs règlements
étaient des actes administratifs dont l'interprétation
ne pouvait appartenir qu'à l'autorité administrative.

Le Conseil d'État, par arrêté du 15 décembre
1858, statua en ces termes :

« Considérant que l'action intentée par le sieur
Guiot contre la Société de prévoyance, dite *des Messageries impériales*, a pour objet de faire décider
que c'est par une fausse application des art. 74 et 77
du règlement que l'assemblée générale a prononcé
son exclusion, et, en conséquence, de faire ordonner qu'il sera réintégré parmi les membres de ladite
Société, pour prendre rang à partir du jour de son
admission, à la charge par lui de payer les cotisations mensuelles arriérées ; — Que, devant la Cour
de Paris, le Préfet de police a revendiqué la connaissance de cette demande par l'autorité administrative, en se fondant sur ce que la Société dont il
s'agit serait une institution publique de bienfaisance,
et que son règlement constituerait un acte administratif dont l'autorité judiciaire ne pourrait connaître
sans violer les lois ci-dessus visées sur la séparation
des pouvoirs ;...

» Considérant que la Société de prévoyance, dite des Messageries impériales, est une association de particuliers qui se sont réunis dans le but de s'assurer des secours pour le cas de maladie et pour le temps de la vieillesse; — Que, si cette Société n'a pu se constituer légalement qu'en vertu d'une autorisation qui lui a été donnée par le Ministre de l'intérieur, à la date du 28 septembre 1838, après la vérification et l'approbation de son règlement, l'exercice du droit d'autorisation et d'approbation qui appartenait audit Ministre, dans un intérêt d'ordre public, n'a pu avoir pour effet de donner le caractère d'un établissement public de bienfaisance à la Société et celui d'acte administratif à son règlement;...

» Considérant, d'ailleurs, qu'aucune disposition législative n'a réservé à l'autorité administrative la connaissance des contestations qui peuvent s'élever entre les Sociétés de secours mutuels et les membres qui réclament contre l'exclusion dont ils ont été frappés par application des règlements; — Que, dès lors, c'est à tort que le Préfet de police a élevé le conflit d'attributions par son arrêté, en date du 22 juillet 1858;

» Art. 1er. — L'arrêté de conflit pris par le Préfet de police, à la date du 22 juillet 1858, est annulé. »

La question de compétence étant ainsi vidée, la cause revint devant la Cour impériale de Paris, qui termina le procès par l'arrêt suivant :

« La Cour, faisant droit de l'appel interjeté contre le jugement du tribunal de première instance de la Seine, du 5 février 1857,

» Considérant que les membres de la Société de

secours mutuels, dite des Messageries impériales, ont librement souscrit aux statuts de ladite Société ; — Que l'exclusion de Guiot a été prononcée conformément à ces statuts et pour une cause que la convention avait prévue ; — Qu'ainsi, il ne peut y avoir lieu d'admettre la réintégration que Guiot demande à l'autorité judiciaire ;

» A mis et met l'appellation et ce dont est appel au néant ; émendant, décharge l'appelante des condamnations contre elle prononcées ; au principal, déboute l'intimé *(Guiot)* de ses demandes et conclusions, et le condamne aux dépens. »

L'affaire que nous venons de rapporter concernait une Société *privée*, ou simplement *autorisée*, et l'exclusion d'un membre participant ; dans celle dont nous allons rendre compte, il s'agit d'une Société *approuvée* et de l'exclusion d'un membre honoraire.

La Société de secours mutuels de Saint-Martin, à Pessac, avait prononcé, en assemblée générale, l'exclusion du sieur Peyneaud, membre honoraire, pour avoir assisté, le jour de la fête patronale, à un banquet prétendu organisé en opposition à celui de la Société. Le sieur Peyneaud se pourvut devant le Tribunal civil de Bordeaux, qui rendit, le 30 janvier 1867, le jugement suivant : « Sur la fin de non-recevoir tirée de ce que la décision disciplinaire, prise régulièrement par une Société de secours mutuels pour l'exécution de son règlement, est irrévocable et échappe à tout contrôle de l'autorité judiciaire :

» Attendu que l'administration de la Société de Pessac a incontestablement le pouvoir de faire exécuter son règlement; mais qu'aucune disposition de cet acte ne lui confère le droit de décider souverainement les difficultés qui surgissent entre elles et un Sociétaire; — Que, d'ailleurs, une semblable disposition ne serait pas obligatoire; — Qu'il suit de là que chaque Sociétaire conserve la faculté de se pourvoir devant les tribunaux ordinaires contre l'application abusive des statuts faite à son préjudice; — Que, dès lors, la fin de non-recevoir invoquée contre Peyneaud ne peut être accueillie; »

Au fond, le Tribunal, reconnaissant que « c'est sans droit que Peyneaud a été déclaré exclu de la Société de Saint-Martin de Pessac; qu'il y a lieu conséquemment d'annuler en ce point la décision prise, etc. » Le Tribunal, sans s'arrêter à la fin de non-recevoir invoquée, « casse et annule la délibération prise par l'assemblée générale de ladite Société, le 10 novembre 1866, portant exclusion de Peyneaud; ordonne, en conséquence, la réintégration de ce dernier au nombre des membres honoraires de ladite Société; dit qu'il n'y a lieu de faire droit aux plus amples conclusions de Peyneaud; condamne Couture, en sa qualité de président de la Société, aux dépens. »

Appel fut interjeté par la Société, qui souleva, devant la Cour impériale de Bordeaux, un déclinatoire fondé sur ce que l'autorité judiciaire était incompétente pour connaître des contestations élevées entre une Société approuvée et l'un de ses membres. Mais, le 5 février 1868, la Cour rendit un arrêt ainsi conçu :

« Sur l'exception d'incompétence : Attendu qu'il s'agit au procès de l'interprétation et de l'application de conventions, civiles de leur nature, intervenues entre les parties ;

» Attendu que l'autorisation donnée par le Préfet aux contractants de se constituer en Société de secours mutuels, et l'approbation donnée, en conséquence, par arrêté préfectoral aux règlements faits par lesdits contractants, n'ont pu changer le caractère de ces conventions, ni transformer l'association en établissement public ou ses règlements en actes administratifs ; que cette autorisation et cette approbation ne sont rien autre chose qu'un acte de police administrative analogue à celle exercée sur les sociétés anonymes ;

» Attendu, en conséquence, que si, au résultat des dispositions du titre II du décret-loi du 26 mars 1852, les Sociétés de secours mutuels approuvées sont, dans une certaine mesure et dans un intérêt d'ordre public, sous la surveillance et dans la dépendance de l'autorité préfectorale, les débats qui peuvent s'élever entre les associés sur l'exécution et la portée de leurs conventions étant de nature purement civile, ne sauraient ressortir de l'administration à laquelle ils n'ont pas été expressément attribués, et restent soumis à la compétence des tribunaux civils investis d'une plénitude de juridiction qu'aucune disposition de la loi n'a restreinte en cette matière ;

» Par ces motifs, la Cour, sans s'arrêter à l'exception d'incompétence de laquelle l'appelante est déboutée comme mal fondée, ordonne qu'il sera plaidé au fond. »

Sur cet arrêt, les débats s'étant engagés au fond, la Société de Pessac maintint sa prétention d'enlever aux tribunaux ordinaires, quelle que fût d'ailleurs leur compétence, la connaissance des mesures purement disciplinaires prises par elle en vertu de ses statuts. Elle soutint que ce règlement était la loi des parties, à laquelle l'autorité judiciaire ne pouvait porter atteinte par voie d'interprétation ni autrement, etc., etc.

Ces nouvelles prétentions ne furent point admises par la Cour impériale, qui confirma, le 19 février 1868, le jugement du Tribunal civil de Bordeaux par l'arrêt suivant :

« Attendu qu'il y a documents suffisants pour apprécier les droits des parties ;

» Adoptant, tant sur la fin de non-recevoir que sur le fond, les motifs des premiers juges,

» La Cour, sans s'arrêter aux conclusions subsidiaires prises de part et d'autre, et portant offre de preuve, lesquelles sont rejetées comme inutiles, confirme. »

Il résulte des diverses décisions que nous venons de reproduire :

1° Que les Sociétés de secours mutuels, — qu'elles soient *approuvées* ou simplement *autorisées*, — n'ont pas qualité pour décider souverainement elles-mêmes sur les contestations qui peuvent s'élever entre elles et un ou plusieurs de leurs membres, honoraires ou participants, relativement à l'application des statuts ou règlements ;

2° Qu'à supposer même que les statuts aient investi la Société de ce droit, une semblable disposition ne serait point obligatoire ;

3° Que l'approbation du Gouvernement ne confère point aux Sociétés de secours mutuels le caractère

d'établissement public, ni à leurs statuts ou règlements celui d'acte administratif ;

4° Que, dès lors, les contestations dont il s'agit ne
sont pas de la compétence de l'autorité administrative et qu'elles doivent être déférées aux tribunaux
ordinaires (1).

En conséquence, si le litige n'excéde pas la valeur
de 200 fr., il doit être porté devant le Juge de paix,
et, s'il dépasse cette somme, devant le Tribunal civil.

———

**II. Un ou plusieurs membres d'une Société de secours
mutuels peuvent-ils déférer aux tribunaux les décisions prises par l'assemblée générale contrairement
aux statuts, comme, par exemple, l'admission d'un
membre participant qui ne remplit pas les conditions
prescrites, ou est frappé d'une incapacité prévue ?**

Nous avons dit, sous l'art. 5 du décret du 26 mars
1852 (voir précédemment, page 43, note 2), que
l'assemblée générale d'une Société était omnipotente
pour l'admission des sociétaires. Chaque membre
est, en effet, complétement libre de voter pour ou
contre le candidat présenté, qui ne peut être reçu
qu'à la majorité des voix. Mais cela ne veut pas dire
que, lorsque les statuts posent des conditions d'admissibilité et que le candidat ne réunit pas toutes
ces conditions, l'assemblée générale puisse, même
à l'unanimité des membres présents, prononcer son
admission. Un semblable vote serait radicalement
nul, et tout sociétaire qui n'y aurait pas pris part,

(1) Voir, dans le même sens, l'arrêt de la Cour de Paris du
20 juillet 1869, page 153 ci-après.

pourrait demander aux tribunaux d'en prononcer
la nullité. Il le pourrait : d'abord, parce que ce serait une atteinte portée aux clauses contenues dans
l'acte social; en second lieu, parce qu'il en résulte-
rait pour lui un dommage direct, puisque plus le
nombre des sociétaires s'accroît, plus la part de chacun d'eux dans l'actif social diminue, ce qui leur
donne incontestablement le droit de s'opposer à l'in-
troduction dans l'association de personnes qui ne possèdent pas les qualités imposées par les statuts pour
y entrer.

**III. Les Sociétés de secours mutuels peuvent-elles
exercer, devant les tribunaux, des poursuites contre les sociétaires arriérés pour le payement des
cotisations ou des amendes ?**

Relativement à la compétence exclusive des tribunaux ordinaires dans les affaires de cette nature,
l'arrêt du Conseil d'État, du 15 décembre 1858,
que nous venons de rapporter (page 136), fixe définitivement la jurisprudence; il ne peut donc plus y
avoir de doute à cet égard.

Quant au fond du droit, la solution de la question
dépend beaucoup des termes dans lesquels sont rédigés les statuts de chaque Société. Si le cas de non-
payement des cotisations n'est pas prévu, on reste
naturellement dans le droit commun et la faculté de
réclamer les sommes arriérées est incontestable.
Mais, en général, les statuts portent « que le sociétaire en retard pour le payement de sa cotisation
sera *privé de secours*, et qu'après un certain temps
il pourra être exclu ou radié. » Dans ce cas, il faut

faire une distinction. Si le sociétaire est simplement
privé de secours, nous ne pensons pas qu'il puisse
en résulter pour lui la libération de sa dette envers
la Société. En effet, lorsqu'un sociétaire est admis,
il prend l'engagement de payer une cotisation mensuelle ou trimestrielle, en retour de laquelle il jouit
des divers avantages matériels et moraux de l'association. S'il ne paie pas cette cotisation, les secours
lui sont momentanément retirés, mais il ne reste pas
moins membre de la Société; il prend part à ses
délibérations, à son administration même, s'il est
membre du bureau; il conserve toujours son droit
de co-propriété du fonds social, et il profite de tous
les avantages moraux de l'association. La suspension
momentanée des secours ne saurait donc l'affranchir
du payement des cotisations. Il n'en serait pas de
même si le sociétaire avait été exclu ou radié par
suite du défaut de payement. Alors, évidemment, la
Société ne pourrait pas être admise à lui réclamer
les sommes dues, puisque cette infraction aux statuts
serait l'unique motif de la peine prononcée contre
lui, et que la Société aurait épuisé son droit en prononçant la radiation ou l'exclusion.

Nous disons l'*unique* motif, car si un membre participant était exclu ou radié pour toute autre cause,
on pourrait lui réclamer le payement de ses dettes
envers l'association.

Nous croyons donc que les Sociétés ont le droit
d'actionner, devant les tribunaux, les sociétaires débiteurs de cotisations ou d'amendes arriérées, et que
ce droit ne cesse que dans le cas où, soit la radiation, soit l'exclusion, aurait été prononcée pour ré-
primer ce défaut de payement.

**IV. Lorsque les statuts ne portent ni l'exclusion ni
la radiation contre les membres qui ne payent pas
leurs cotisations, la Société peut-elle radier ou exclure ces sociétaires ?**

Évidemment non. Une Société ne peut, même en
assemblée générale, prononcer la moindre peine
contre aucun de ses membres qu'en vertu des dispositions des statuts; or, si les statuts ne permettent
pas d'exclure ou de radier les sociétaires qui ne
paient pas leurs dettes envers l'association, celle-ci
ne peut prendre contre eux ces mesures coërcitives.
Si donc les membres débiteurs ne consentaient pas
à donner leur démission, le seul moyen de se débar-
rasser d'eux serait de faire prononcer, par les tribunaux ordinaires, leur exclusion pour défaut d'exécution de leurs engagements.

**V. Le sociétaire qui donne sa démission peut-il être
contraint au payement des cotisations ou des amendes dont il se trouve débiteur au moment où il quitte
la Société ?**

L'affirmative nous paraît incontestable. A l'obligation de remplir des engagements volontairement
pris par le sociétaire, viennent s'ajouter les considérations suivantes. Les cotisations ne se payent que
par mois ou par trimestre échu, les amendes ne sont
réclamées non plus que quelque temps après avoir
été encourues et appliquées; ainsi, le sociétaire qui
aurait, pendant un ou plusieurs mois, joui de tous

les avantages de l'association, pourrait, en donnant
sa démission, s'affranchir d'en supporter les charges,
si l'on admettait que la Société ne fût pas recevable
à lui demander, après sa sortie, le payement des cotisations et des amendes arriérées. L'équité se refuse
à consacrer une pareille prétention, et nous pensons
que le droit de la Société est, dans ce cas, de la
dernière évidence.

**VI. Les Sociétés de secours mutuels ont-elles besoin
d'être autorisées par l'administration pour ester
en justice**

La loi du 15 juillet 1850 ni le décret organique
du 26 mars 1852 ne renferment à cet égard aucune
disposition ; mais une jurisprudence constante recon-
naît aux associations mutuelles le droit de procéder
sans autorisation. Cette jurisprudence a notamment
été consacrée (dans une affaire relative à la Société
de secours mutuels dite des *Cuisiniers de Paris*), par
un jugement du tribunal de première instance de la
Seine, en date du 22 février 1860, basé sur les
motifs suivants (1) : « Attendu que les Sociétés de
secours mutuels ne sont point des établissements
d'utilité publique ; que si elles sont soumises à certaines conditions et appelées à jouir de certains
avantages déterminés par les lois qui régissent cette
institution, elles n'en constituent pas moins de simples associations formées dans l'intérêt unique de
ceux qui les composent, dans l'administration des-

(1) *Bulletin des Sociétés de secours mutuels*, année 1860, p. 45.

quelles l'autorité gouvernementale n'intervient pas directement, mais seulement pour exercer une surveillance qui ne peut s'étendre en dehors des limites fixées par la législation spéciale qui les concerne ; — Qu'il suit de là que les Sociétés de secours mutuels ou leurs présidents, en leur nom, n'ont pas besoin pour ester en justice d'être pourvus de l'autorisation administrative, qui n'est exigée par l'art. 1032 du Code de procédure civile que pour les établissements publics, et qui n'est exigée pour les Sociétés de secours mutuels par aucune disposition particulière et exceptionnelle. »

Il suffit, par conséquent, pour que le Président puisse ester en justice au nom de la Société, qu'il soit autorisé par l'assemblée générale.

VII. Les Sociétés de secours mutuels peuvent-elles réclamer des dommages-intérêts aux auteurs d'accidents dont les sociétaires sont victimes, et qui mettent à la charge de l'association des frais de maladie ou autres ?

Nous ne le pensons pas. Pour que la Société pût agir directement, il faudrait qu'elle fût subrogée à tous les droits, recours et actions des Sociétaires contre les auteurs des accidents, ainsi que cela se pratique pour les Compagnies d'assurances, dont les polices contiennent ordinairement à cet égard une clause spéciale. Cette subrogation pourrait avoir lieu, soit d'une manière générale dans les statuts, soit individuellement de la part du sociétaire blessé.

Dans le cas où la subrogation n'existerait pas, rien n'empêcherait la Société d'assister *officieusement* le sociétaire dans ses poursuites contre l'auteur de l'accident dont il aurait été victime et de lui prêter tout l'appui dont peuvent disposer le président et le bureau, sous la réserve expresse du remboursement des dépenses occasionnées à l'association par la maladie du sociétaire, dans le cas où celui-ci obtiendrait gain de cause.

VIII. La disposition des statuts qui défère à des arbitres le jugement de toutes les contestations qui s'élèvent au sein de la Société, est-elle valable?

Pour éviter la fâcheuse extrémité de voir les tribunaux saisis des difficultés qui peuvent surgir dans le sein des Sociétés de secours mutuels, on a cru devoir insérer, dans la plupart des statuts, une clause qui soumet ces difficultés à deux arbitres désignés par les parties intéressées, et, s'il y a partage, à un tiers-arbitre nommé par les deux autres, ou, à leur défaut, par le président de la Société.

Cette disposition ne saurait être obligatoire; si l'une des parties veut porter l'affaire devant la juridiction ordinaire, l'autre ne peut pas s'y opposer. En effet, il est de principe qu'il ne dépend point des particuliers de déroger, par voie réglementaire, à l'ordre des juridictions établies, et que la seule liberté que la loi leur laisse est de constituer des arbitres dans une contestation sur un point déterminé.

La jurisprudence a plusieurs fois consacré cette doctrine, à laquelle doivent se conformer les Sociétés de secours mutuels, qu'aucune disposition spéciale n'a soustraites, à cet égard, au régime du droit commun.

« Il est aujourd'hui, — dit M. Giraud, président du Tribunal civil et de la Société philanthropique de Niort (1), — hors de doute, ainsi que l'a jugé la Chambre civile de la Cour de cassation, le 23 mai 1860, que l'art. 1006 du Code de procédure civile, qui exige, à peine de nullité, que le compromis désigne les objets en litige, doit faire considérer comme nulle et non avenue toute clause des statuts d'une association de prévoyance qui soumet à des arbitres les contestations qui peuvent naître ultérieurement entre les membres de cette association, contestations dont l'objet, encore inconnu, ne peut être spécifié dans la clause compromissoire. »

Mais si les Sociétés ne peuvent constituer à l'avance un tribunal arbitral, elles sont parfaitement libres, pour éviter les procès, de former un Comité de conciliation. Voici, à cet égard, les articles que contiennent les statuts des deux dernières Sociétés que nous avons créées :

« Art. 60. — La Société a dans son sein un *Comité de conciliation*, composé du Président et de quatre membres élus par l'Assemblée générale, au scrutin secret et à la majorité absolue, dans la séance du mois de janvier de chaque année; ils sont pris parmi les sociétaires ou les membres honoraires. Le secrétaire de la Société remplit les fonctions de secrétaire du Comité de conciliation.

(1) *La Fraternité, Journal des Sociétés de secours mutuels,* 2e année, livraison du 15 décembre 1864, page 89.

« ART. 70. — Le but du Comité est de concilier les différends qui lui sont soumis, d'un commun accord, par les membres de l'association, afin d'éviter que des procès s'élèvent entre eux. Toute espèce de contestations, qu'elles soient ou non relatives à la Société, peuvent être portées devant lui, pourvu qu'elles aient lieu entre sociétaires ou membres honoraires, et que les deux parties consentent à les soumettre au Comité, qui ne rend d'ailleurs aucun jugement, sa seule mission étant de terminer les affaires par un arrangement amiable et sans frais. »

IX. Peut-on faire partie de plusieurs Sociétés de secours mutuels, en qualité de membre participant?

Si les statuts des diverses Sociétés dont la même personne fait partie ne s'y opposent pas, rien n'empêche qu'il en soit ainsi; les dispositions législatives et réglementaires qui régissent la mutualité ne contiennent, à ce sujet, aucune prohibition.

X. Les Sociétés ont-elles le droit de modifier leurs statuts, alors même que les modifications apportées restreindraient les avantages primitivement accordés aux sociétaires?

Lorsque les statuts indiquent, comme ils le font ordinairement, la marche à suivre pour procéder à des modifications, le cas est prévu, et il ne peut y avoir aucun doute sur le droit de la Société de modifier ses statuts comme elle l'entend, pourvu qu'elle ne s'écarte pas des règles tracées par la loi. Les sociétaires seraient donc mal fondés à réclamer contre l'exécution des dispositions nouvelles, parce qu'elles leur seraient moins favorables que les anciennes.

La question est moins facile à résoudre quand les statuts sont muets relativement aux modifications à y introduire. Il est certain, — disent les partisans de la négative, — qu'en entrant dans une Société, si je me soumets aux obligations qu'elle impose, je compte aussi profiter de tous les avantages qu'elle accorde; or, si la Société diminue plus tard ces avantages, en me laissant les mêmes charges à supporter, elle change complétement ma situation, chose qu'elle ne peut faire sans mon consentement. — Ce raisonnement paraît assez juste; mais il doit céder, croyons-nous, soit devant la nécessité d'assurer l'existence de la Société, soit même devant le devoir de développer sa prospérité. Lorsque des vices existent dans l'organisation d'une Société, que ses statuts contiennent des erreurs qui compromettent sa durée, qu'elle a pris envers ses membres des engagements sans proportion avec les cotisations qu'ils payent, qu'elle vit au jour le jour, sans rien réserver pour l'avenir, il ne serait pas raisonnable de lui refuser le pouvoir de modifier ses statuts pour prévenir une ruine inévitable, sortir d'une position incertaine et précaire, ou se créer une réserve capable de satisfaire à toutes les éventualités. L'intérêt des associés eux-mêmes justifierait l'adoption de mesures prises dans de tels buts; un ou plusieurs d'entre eux n'auraient, dès lors, aucune raison de se plaindre de la diminution apportée aux avantages qui leur auraient été primi-

tivement promis, et ils devraient s'incliner devant le
vote de la majorité de leurs collègues.

**XI. L'action en nullité d'une décision prise par le
bureau d'une Société de secours mutuels doit-elle
être exercée contre tous les membres du bureau
qui ont pris part à la délibération ?**

La Cour impériale de Paris a décidé l'affirmative
dans la cause suivante :

Le sieur Crécy, membre de la Société de secours
mutuels de Saulx-les-Chartreux et de Villejust, ayant
été exclu par une décision du bureau, du 12 février
1868, assigna le sieur Magne, président de la Société, devant le tribunal civil de Corbeil, pour voir
déclarer nulle cette décision, comme ayant été ren-
due sans motifs et en violation des statuts, et s'en-
tendre condamner à des dommages-intérêts.

Le tribunal accueillit favorablement cette demande.
Il déclara nulle et non avenue la décision du bureau;
dit que Crécy n'avait jamais cessé de faire partie de
la Société, et condamna Magne, ès-nom, à lui payer
3,000 fr. de dommages-intérêts et aux dépens.

Le sieur Magne fit appel. Il conclut, devant la
Cour, d'abord au renvoi de la cause aux tribunaux
administratifs, d'après lui, seuls compétents. Subsi-
diairement, il soutint que le président n'avait pas
qualité pour répondre en justice au nom de la Société; que la décision attaquée étant l'œuvre du bureau, c'était contre ses membres individuellement
que l'action devait être dirigée. Au fond, il demanda
le maintien de la décision du bureau, et conclut à

être, dans tous les cas, déchargé des dommages-intérêts.

Sur quoi, arrêt de la Cour impériale de Paris, du 29 juillet 1869, ainsi conçu :

« La Cour :

» Sur la question d'incompétence,

» Considérant que si les Sociétés de secours mutuels ne peuvent s'établir qu'avec l'autorisation du Gouvernement, si leurs statuts et règlements doivent être approuvés par l'autorité administrative, ces mesures préalables, imposées par le décret du 26 mars 1852 dans un intérêt d'ordre public, n'ôtent pas à ces sociétés le caractère privé qui leur appartient;

— Que les statuts et règlements, arrêtés et rédigés par les fondateurs et acceptés par tous les membres qui entrent dans la Société, créent entre eux des obligations réciproques dont le caractère est purement civil, et que, par conséquent, les contestations qui peuvent naître sur leur exécution rentrent dans la compétence des tribunaux ordinaires;

» Sur la fin de non-recevoir tirée de ce que Magne, comme président de la Société, n'aurait pas qualité pour représenter à lui seul la Société,

» Considérant que cette exception, produite devant les premiers juges, a été repoussée par un jugement du 28 juillet 1868, non attaqué, et aujourd'hui passé en force de chose jugée; — Que la Cour n'a pas à s'expliquer sur le bien ou mal jugé de cette décision, et que l'exception ne peut plus être reproduite utilement devant elle ;

» Au fond : en ce qui touche l'expulsion,

» Considérant que.... (Motifs de fait, inutiles à rapporter.) — Qu'ainsi, à tous les points de vue, l'expulsion a été à tort prononcée; — Adoptant sur ce point l'opinion des premiers juges;

» Sur la demande en réintégration de Crécy,

» Adoptant les motifs des premiers juges;

» En ce qui touche les dommages-intérêts,

» Considérant que le fait dont se plaint Crécy n'est pas personnel à Magne; qu'il est imputable au bureau tout entier; — Que Crécy l'a reconnu lui-même, puisqu'il a assigné Magne en sa qualité de président de la Société; qu'il ne saurait donc être condamné personnellement, ce que n'ont pas fait, au surplus, les premiers juges; — Mais, considérant que Magne, comme président, n'a pas qualité pour représenter en justice, soit la Société, soit le bureau; — Que c'est donc à tort que les premiers juges ont condamné Magne, ès-nom, à 3,000 fr. de dommages-intérêts; — Considérant, au surplus, en fait, que Crécy ne justifie pas d'un préjudice;

» Sans s'arrêter à l'exception d'incompétence opposée par Magne et dont il est débouté,

» Met le jugement dont est appel au néant en ce que les premiers juges ont condamné Magne, ès-nom, à 3,000 fr. de dommages-intérêts; émendant quant à ce, déclare Crécy mal fondé dans sa demande en dommages-intérêts; la sentence au résidu sortissant effet; dépens compensés, sauf le coût de l'arrêt, qui sera supporté par Magne. »

INDEX ALPHABÉTIQUE

A

B

C

D

E

L

M

R

S

T

U

V

TABLE DES MATIÈRES

FIN DE LA TABLE.

Bordeaux, Imp. de J. Delmas.

www.ingramcontent.com/pod-product-compliance
Lightning Source LLC
Chambersburg PA
CBHW072148270326
41931CB00010B/1934